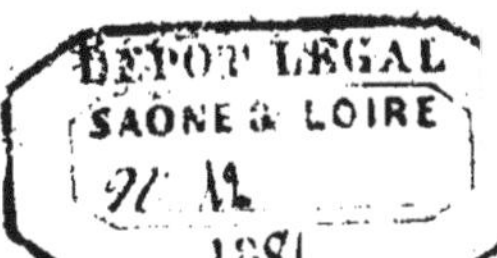

M. CLAUDE-ÉLIE POMPANON

CURÉ DE SAINT-VINCENT

DE

CHALON-SUR-SAONE

NOTICE BIOGRAPHIQUE

PAR

L'ABBÉ CHARLES DORY

MISSIONNAIRE DU SACRÉ-CŒUR

AUTUN

IMPRIMERIE DEJUSSIEU PÈRE ET FILS

1886

M. CLAUDE-ÉLIE POMPANON

CURÉ

DE St-VINCENT DE CHALON-SUR-SAONE

1769
PRO
DEO
ET
SCIENTIA

M. CLAUDE-ÉLIE POMPANON

CURÉ DE SAINT-VINCENT

DE

CHALON-SUR-SAONE

NOTICE BIOGRAPHIQUE

PAR

L'ABBÉ CHARLES DORY

MISSIONNAIRE DU SACRÉ-CŒUR

AUTUN

IMPRIMERIE DEJUSSIEU PÈRE ET FILS

1886

A LA MÉMOIRE

DE

M. CLAUDE-ÉLIE POMPANON

CURÉ DE SAINT-VINCENT.

Le temps passe, les hommes oublient bien vite... Aussi à peine M. Pompanon, comme frappé de la foudre avait-il rendu le dernier soupir que, agenouillé au pied du lit funèbre, nous prîmes la résolution, si nos supérieurs l'approuvaient, d'élever à sa mémoire un monument, bien humble sans doute, mais qui perpétuât son souvenir dans le cœur de ceux qui l'avaient connu et que lui-même avait aimés.

C'est ce modeste travail que nous offrons à son évêque vénéré, Sa Grandeur Mgr Perraud; à tous ses confrères dans le sacerdoce, principalement à ceux qui ont travaillé avec lui; à ses parents; aux âmes si nombreuses qu'il a évangélisées; à ses chers paroissiens de Saint-Gengoux, d'Autun et de Chalon.

Si le cœur surtout a guidé notre plume, nous croyons cependant être demeuré impartial. La preuve en est que, plusieurs fois, nous avons fait taire les réclamations de l'amitié, pour peindre ce portrait moral sous des couleurs vraies qui n'étaient pas toujours flatteuses.

Et maintenant, cher et regretté curé, pardon si nous avons parlé de vous; car nous savons bien que votre désir souvent manifesté était qu'on gardât le silence autour de votre tombe.

Que votre dépouille repose en paix dans l'attente du grand jour!

Que votre âme, promptement délivrée des flammes du purgatoire par les prières de vos amis, jouisse du beau ciel!

Mais que votre souvenir vive toujours au milieu de nous! Par delà le tombeau, continuez de nous instruire, et priez pour nous! *Defunctus adhuc loquitur.*

Charles DORY,
Missionnaire,
Ancien vicaire de M. Pompanon à Autun.

Paray-le-Monial, 6 janvier 1886,
en la fête de l'Épiphanie.

M. CLAUDE-ÉLIE POMPANON

I

Sa Famille. — Sa Jeunesse.

Au cœur de l'ancien comté de Charollais, dans un site pittoresque, se dresse le joli bourg de la Clayette. Il est dominé au midi par un massif des Cévennes d'où émerge le pic de Dun couronné de ruines imposantes. Ses maisons bâties sur la pente de la montagne, son vieux château moyen âge aux murailles crénelées, viennent se mirer dans les eaux limpides d'un petit lac. Puis, ce sont de magnifiques ombrages, et ces prairies célèbres à travers lesquelles paissent, doux et pacifiques, les grands bœufs blancs de race charollaise.

La population de la Clayette, active et intelligente, est demeurée profondément chrétienne. Naguère encore, on y comptait bon nombre de familles patriarcales invinciblement attachées à la foi de leurs ancêtres, où vivaient dans toute leur pureté les traditions du respect, du devoir et de l'honneur. Et l'une des premières sous ce rapport était, au témoignage de tous, la famille laborieuse au sein de laquelle naquit, le 28 mars 1824, Claude-Élie Pompanon.

Deux bienfaitrices incomparables vinrent tout d'abord s'asseoir près du berceau de cet enfant privilégié, et veillèrent sur son enfance avec la plus délicate sollicitude : la religion et une excellente mère. Devenu prêtre, missionnaire, grand prédicateur à Paris et dans des villes importantes, l'enfant de la Clayette n'oubliera jamais les divines influences qui présidèrent à ses jeunes années ; et ses œuvres de prédilection, dans lesquelles il prodiguera le plus sa parole et son zèle, seront toujours en faveur des enfants et des mères chrétiennes.

Une mère chrétienne! chrétienne dans toute l'acception de ce beau mot, telle était Mme Pompanon. Tous les jours, levée la première de la maison, elle assistait à la messe matinale où elle communiait plusieurs fois la semaine. Puis, sérieuse et forte, elle se dépensait aux soins d'une famille nombreuse dont le travail était la seule richesse. Rien toutefois ne la préoccupait plus que de donner à ses enfants la vie de l'âme après leur avoir donné celle du corps. Aussi, dès ses plus tendres années, le petit Claude-Élie savait-il faire le signe de la croix et réciter quelques prières. Il demandait à accompagner sa mère à l'église quand il la voyait sortir pour aller faire sa visite quotidienne au saint Sacrement : et là, comme pénétré de la présence divine, il se tenait tranquille et même heureux.

Oui Dieu, par sa grâce, agissait sur cette âme innocente et y développait le germe de la vocation sacerdotale. Personne ne fut surpris quand, à peine âgé de huit ans, Claude-Élie déclara qu'il voulait étudier le latin et devenir prêtre. Évidemment, il était appelé d'en haut. Lui-même n'aura pas un doute, pas une hésitation à cet égard. Jamais on ne surprendra dans sa conduite le plus petit retour en arrière. Absolument sûr de sa vocation, il dira toujours : « Je veux être prêtre parce que Dieu veut que je le sois. » Et, du moment de sa promotion aux saints ordres, il n'aura qu'un but, qu'un désir, qu'une ambition : être aussi prêtre que possible. Tel est, pour tous ceux qui ont bien connu et bien compris M. Pompanon, le signe distinctif, le caractère éminemment surnaturel de sa vie.

Il quitta donc l'école communale où il occupait le premier rang dans sa classe, pour aller recevoir les leçons du vicaire de sa paroisse. C'était alors le savant et très bon abbé Mammessier, aujourd'hui, et depuis plus de cinquante ans, curé de Dompierre-les-Ormes. L'abbé comprit de suite que Dieu lui donnait à cultiver une fleur rare et précieuse : il s'y appliqua avec amour. Claude-Élie récompensa les efforts de son digne maître par de rapides progrès dans l'étude des éléments de la langue latine, surtout dans l'étude du catéchisme. Dès ce moment, son intelligence apparaissait ce qu'elle devait être toujours, plutôt nette et précise que brillante et facile. Il n'oubliait rien de ce qu'il avait une fois sérieusement appris. Nul mieux que lui ne saisissait les explications du catéchisme, et ne donnait de ces réponses typiques qui dénotent si bien chez un enfant la précision et la rectitude du jugement.

Mais en même temps, doué d'un caractère vif et gai, Claude-Élie était assurément le plus joyeux petit compère de la gent écolière de la Clayette. Ardent au jeu, aimant passionnément à rire, il se faisait chérir de tous ses camarades. Chérir, et aussi profondément estimer pour sa piété et pour son innocence. Leur sentiment unanime fut que, le jour de sa première communion, il reçut Jésus-Christ dans un cœur qui n'avait jamais perdu la grâce du baptême.

Jour vraiment grand, jour d'impérissables souvenirs pour le vertueux enfant que celui de la première communion ! Il n'avait que dix ans, mais il était le modèle de tous. Pendant la retraite, rien qu'à voir son recueillement, on comprenait avec quel soin il préparait son âme à la visite de Dieu. Il pleurait à chaudes larmes en écoutant les instructions de la retraite données par une pieuse religieuse de Saint-Charles qui avait, paraît-il, sous ce rapport un talent merveilleux. Au grand jour, chacun fut frappé de sa tenue modeste et pénétrée. Son camarade de première communion [1] nous a

1. M. l'abbé Geoffray, curé de la Chapelle-sous-Dun.

transmis ces détails avec toute l'émotion qu'il avait lui-même ressentie et que le temps n'avait pu affaiblir. Et jamais M. Pompanon n'a présidé de première communion sans parler à son auditoire ému des chers souvenirs de la sienne. Jamais il n'a prêché dans la vieille église de la Clayette, sans saluer le tabernacle et la table de sa première communion. Jamais il n'a commencé ni fini sa journée sans regarder l'image de sa première communion suspendue à côté de son lit, au-dessus de son bénitier : précieux souvenir pour l'âme fidèle !

Les douces impressions du grand jour augmentèrent encore dans l'âme de Claude-Élie le désir ardent d'être prêtre. Sa voie est toute tracée, comme illuminée du soleil, sans une ombre, sans un nuage...

Il entre en cinquième au petit séminaire de Semur-en-Brionnais où il conquiert bientôt la réputation de bon élève : travailleur en étude et en classe, d'une gaieté folle en récréation, d'une piété exemplaire à la chapelle, estimé de ses maîtres, aimé de ses camarades.

A la fin des vacances de rhétorique, il prend la route d'Autun et du grand séminaire. Il n'avait que seize ans; et il paraissait si jeune avec sa petite mine rose et éveillée, que le vénérable supérieur hésitait à l'admettre : « Ah ! franchement, disait-il, ce n'est qu'un enfant; il faut le renvoyer quelque temps encore auprès de sa mère. » On intercéda pour lui; et, le soir même, cet enfant devenait un des séminaristes les plus réguliers et les plus sérieux.

Il se mit avec ardeur à l'étude des sciences ; puis de la philosophie et de la théologie, s'attachant beaucoup plus au côté pratique qu'au côté spéculatif des questions, comme s'il eût déjà l'intuition de ce ministère des âmes qui devait être éminemment le sien. A le voir même, à l'entendre, on n'aurait pu soupçonner la flamme qui couvait dans son cœur ; il n'était pas ce qu'on est convenu d'appeler un brillant élève, un logicien, un argumentateur ; en classe, il ne faisait guère d'objections. Mais, du moment qu'il se trouva en contact avec les âmes, l'étincelle jaillit vive et lumineuse : il ne devait jamais être un savant, il devait être un missionnaire et un curé.

En même temps sa piété s'accentuait telle qu'elle devait être toujours : simple et franche, sans ostentation aucune, d'une régularité parfaite pour les divers exercices. Il recevait la tonsure le 5 juin 1841. Deux ans après, le 10 juin 1843, il était élevé aux ordres mineurs. Enfin, le 17 mai 1845, âgé de vingt et un ans, il se donnait entièrement à Dieu, et faisait le pas décisif du sous-diaconat. « Ah ! que j'étais heureux alors, lui avons-nous souvent entendu redire, avec quelle ardeur je chantais : *Dominus pars hæreditatis meæ et calicis mei !* »

Au grand séminaire, comme partout ailleurs, l'abbé Pompanon se faisait aimer pour sa bonne humeur, son caractère ouvert et loyal. En récréation, il allait indistinctement avec tous ; provoquant partout, par ses vives et spirituelles saillies, ces éclats de bon rire qui désignaient toujours, comme la plus joyeuse, la bande où il se trouvait. Néanmoins il avait des amis plus intimes, et, au premier rang, le sympathique abbé Bougaud, aujourd'hui vicaire général d'Orléans, hagiographe et apologiste distingué.

Ainsi se passèrent, douces et fructueuses, les cinq années du grand séminaire. Aux vacances, on venait revoir le pays natal et se reposer au foyer de la famille. Pieuses et gaies vacances dont l'abbé Pompanon était l'âme, et dont ses contemporains se souviennent encore avec enthousiasme. Le matin, on priait et on travaillait. Puis l'après-midi, c'étaient des courses effrénées à travers les montagnes, sous les grands bois dont on faisait joyeusement retentir les échos ; c'étaient des pêches miraculeuses sur les bords des torrents.

Mais les meilleures heures, les heures bénies, étaient celles que notre séminariste passait assis auprès de sa mère et causant doucement avec elle. Que de fois nous lui avons entendu dire : « Ma mère a été mon premier directeur ; nul ne m'a mieux fait comprendre la grandeur et la sainteté du sacerdoce. » Elle lui répétait souvent : « Mon enfant, je prie sans cesse pour toi ; je demande à Dieu qu'il te fasse mourir si tu ne dois pas être un excellent prêtre. » « Oh ! ma mère, répondait-il avec sa vivacité ordinaire, ne demandez pas que je meure... je voudrais tant faire connaître Dieu et sauver des âmes !... soyez tranquille, je ne vous oublierai jamais, je serai un bon prêtre ! »

Pendant le cours de son long ministère accidenté et laborieux, M. Pompanon trouva toujours du temps pour revenir à la Clayette. Eût-il été d'ailleurs un apôtre aussi éloquent de la famille, s'il n'en avait lui-même partagé les tristesses et les joies, s'il n'avait lui-même connu et apprécié ce que l'on nomme si bien : « la sainteté et la douceur du foyer ? »

Le 10 décembre 1856, il fermait les yeux d'un frère bien-aimé : ce fut son premier deuil. Nature délicate et exquise, l'abbé Philémon Pompanon étudia au séminaire de Saint-Sulpice à Paris, fut nommé vicaire à Louhans, et bientôt, frappé de ce mal qui ne pardonne jamais, venait mourir à la Clayette. Un instant avant le dernier soupir, les deux frères étaient dans les bras l'un de l'autre : « Il faut nous quitter, disaient-ils, mais nous nous reverrons au ciel. »

Peu de temps après, le 19 mars 1858, nouveau deuil ; hélas ! le grand deuil du prêtre, la mort d'une mère ! Au moment où cette excellente mère fut frappée mortellement, l'abbé Pompanon était occupé à donner une mission à Chambilly. Il accourt mandé en toute hâte, s'assied au chevet du lit de la mourante, l'exhorte pieusement, reçoit son dernier soupir, la conduit à sa suprême demeure ; puis il revient, fort et courageux, reprendre les travaux de la mission. Mais cette mort lui avait fait au cœur une blessure profonde, qui ne se ferma jamais et qui saignait bien souvent.

Au moins, eut-il le bonheur de conserver son père jusqu'à un âge avancé. Il l'entourait de respect et d'honneur. Chaque année, il venait passer auprès de lui quelques jours de vacances qui étaient pour toute la famille des jours de joyeuses réunions. Plein de sollicitude, il s'inquiétait sans cesse de ses neveux et de ses nièces et s'occupait de leur avenir. En un mot, il était de ces prêtres de cœur qui, pour brûler d'un saint zèle envers les âmes, n'en conservent pas moins l'amour et le culte de la famille.

Pouvons-nous passer sous silence une incomparable journée du mois d'août 1877, dont la pensée éveille encore en nous les plus joyeux souvenirs ? M. Pompanon, et M. Gardette, alors curé de Saint-Vincent de Chalon, tous deux enfants de la Clayette et cousins, se trouvèrent réunis au pays natal. Ils eurent l'idée généreuse d'appeler auprès d'eux plusieurs de leurs anciens vicaires. Nous accourûmes avec empressement : et quelle réunion pleine d'entrain et de cordialité ! quelle magnifique promenade ! Le vénérable M. Gardette, bientôt après accablé de douleurs, aimait à en parler, et il disait : « Ça été mon dernier beau jour ! »

Un des derniers voyages de M. Pompanon à la

Clayette fut au mois de mai 1884, pour assister aux noces d'or du très digne curé, son intime ami, M. Pierre Tamain. Il prit la parole dans cette cérémonie, et monta aux plus hauts sommets de l'éloquence du cœur, montrant dans l'excellent curé un vrai père de famille qu'il fallait bénir et aimer. Hélas ! à cette heure, la voix de l'orateur s'est éteinte... et une tombe vient de se refermer sur la dépouille du héros de la fête !... [1]

II

M. Pompanon successivement sous-secrétaire à l'Évêché, curé de Couhard, aumônier du Sacré-Cœur, secrétaire particulier de Mgr de Marguerye.

L'abbé Pompanon n'était que sous-diacre quand il sortit du grand séminaire. On le nomma sous-secrétaire à l'évêché, et, le 1er octobre 1845, il s'asseyait à son bureau à côté d'un excellent confrère, M. l'abbé Jusseau [2], et sous les ordres d'un très bon maître, M. Galice. Ce dernier, quoique laïque, occupait depuis longtemps le poste de secrétaire de l'évêché. On raconte que Mgr d'Héricourt, à son arrivée à Autun, en avait presque été scandalisé. « Eh quoi ! disait-il, un laïque à la

1. M. Tamain est mort le 18 décembre 1885, après une longue vie sacerdotale, pleine de bonnes œuvres devant les hommes et devant Dieu. Ses paroissiens lui ont fait de magnifiques funérailles.

2. Aujourd'hui chanoine honoraire, aumônier de la Charité, à Mâcon.

tête des affaires ecclésiastiques ! » Mais bientôt, il vit clairement qui était ce laïque, et il s'attacha à lui comme à un ami. Doué d'un jugement très sûr et d'une grande intelligence des affaires qui le mettaient à même d'exceller dans les délicates fonctions de sa charge, M. Galice était en outre un modèle accompli de toutes les vertus. Chaque matin, à la Cathédrale, il servait la première messe qui se disait alors à cinq heures. Chaque jour, il récitait l'office ecclésiastique tout entier. Tous les prêtres du diocèse le connaissaient et le vénéraient. Il mourut à Autun, dans une belle vieillesse, entouré d'honneur et de respect.

L'entrée de l'abbé Pompanon au secrétariat y fit à peu près l'effet d'un rayon de soleil pénétrant dans une chambre sombre : les vieilles archives en tressaillirent. D'aucuns prétendent même que le petit abbé aimait parfois beaucoup à rire... Ce qui pourrait bien être vrai. Quoi qu'il en soit, il n'y mettait pas méchanceté ; et le bon M. Galice, qu'il honorait d'ailleurs comme un père, se prit à l'aimer comme son enfant.

D'abord pensionnaires à la Maîtrise, M. Jusseau et l'abbé Pompanon eurent ensuite leur petit ménage dans les bâtiments du presbytère actuel de la Cathédrale. Heureuses années, fleurs d'antan, dont M. Jusseau nous a transmis avec émotion les doux souvenirs.

Malgré cela, l'abbé Pompanon n'était certainement pas dans son élément ; et il nous faut des efforts prodigieux d'imagination pour nous le représenter occupé tout le jour à compulser et à écrire. Il est probable même que la charge de greffier de l'officialité dont il fut honoré le 20 octobre 1846, ne donna pas un grand aliment à son ardeur. Aussi se préparait-il avec joie à la réception des saints ordres. Il était fait diacre le 19 décembre 1846. Et le 23 décembre 1848 était pour lui le jour incomparable du sacerdoce.

Dès qu'il fut prêtre, l'abbé Pompanon désira s'occuper des âmes vers lesquelles il se sentait une inclination si forte. Il s'en ouvrit à Mgr d'Héricourt qui l'aimait, et qui, tout en le conservant au secrétariat de l'évêché, l'occupa secondairement à différents ministères.

Pour bien faire connaître le premier théâtre de son zèle, nous citerons une page du beau rapport lu en assemblée générale, le 22 mars 1885, par M. Harold de Fontenay, président de la conférence de Saint-Vincent de Paul à Autun, et dans lequel il trace l'historique de la Société depuis sa fondation en 1845. Nous y verrons les débuts de l'abbé Pompanon.

« Former de bons, d'honnêtes, de laborieux » ouvriers, telle était la tâche à laquelle la Conférence s'était vouée tout entière; son seul regret » était de ne pouvoir leur garantir l'avenir. Elle » chercha un remède et elle le trouva. Considé» rant la dépopulation croissante des campagnes

» et l'invasion des villes par de nombreuses » familles qu'y attirait l'espoir trop justifié de » secours abondants et l'assurance d'une vie moins » pénible, notre société résolut de rendre le plus » de bras possible aux travaux des champs par la » création d'un asile agricole. Cette nouvelle insti- » tution fut d'abord placée dans l'ancienne maison » de campagne du grand séminaire d'Autun située » aux portes de la ville. Des frères de la Sainte- » Famille de Belley furent appelés, et, le 5 dé- » cembre 1847, on les installait à la Petite- » Verrerie.

» Bien que l'espace fût restreint, grâce aux » soins de la Conférence, grâce au zèle des » frères, l'œuvre prospéra, grandit et sentit bientôt » le besoin d'exploiter un champ plus vaste que » celui où elle avait fait ses débuts. L'un d'entre » nous, M. le comte Adolphe de Mandelot, mit à » la disposition des frères son domaine de Bois- » le-Duc, d'une contenance de 25 hectares, et situé » sur le versant d'une montagne voisine d'Autun. » Des arrangements furent pris avec le fermier, » et, au 11 novembre 1850, l'asile y fut trans- » féré.

» L'œuvre s'y poursuivit avec succès, encou- » ragée non seulement par les sympathies et la » générosité des particuliers, mais aussi par celles » de l'administration départementale à la tête de » laquelle était placé M. le préfet Pierre Leroy. » Cet administrateur éclairé et libéral avait visité

» l'asile et obtenu du Conseil général une subven-
» tion destinée à lui venir en aide.

» De son côté, Mgr d'Héricourt, qui fondait de » grandes espérances sur cet établissement, y » avait attaché un aumônier. M. l'abbé Thomas, » aujourd'hui archevêque de Rouen, et M. l'abbé » Pompanon, actuellement curé de Saint-Vincent » de Chalon, eurent successivement la direction » religieuse de l'asile. »

Voilà donc l'abbé Pompanon avec un troupeau à conduire : facile troupeau dont il n'eut pas de peine à conquérir l'affection ! Chaque dimanche il s'en allait trouver ses enfants, leur disait la messe, les instruisait et même participait à leurs jeux. Sous sa direction, tous devinrent de fervents chrétiens et de bons ouvriers dont « pas un seul ait mal tourné », dit M. de Fontenay, dans la suite de son rapport.

Frappé de ces résultats, Mgr d'Héricourt voulut donner un champ plus vaste à l'activité du jeune prêtre, et le 4 janvier 1851, il le chargea de desservir la paroisse de Couhard. Trop vaste champ même, peut-être, au point de vue des kilomètres à parcourir; car la paroisse de Couhard ne comprend pas seulement le petit village de ce nom échelonné sur la montagne en face d'Autun, mais les hameaux de Fragny, de Montromble et de la Bondelue, perdus à travers les grands bois à des distances considérables. Pays pittoresque, charmant, vraie petite Suisse en été ; mais en hiver, des chemins impraticables plus fréquentés par les loups que par les hommes. Depuis la Révolution, le culte n'avait pas été rétabli à Couhard, et le service était fait par les vicaires de la Cathédrale. L'un d'entre eux, le vénérable M. Naulin, décédé curé de Saint-Pierre à Mâcon, parvint à racheter la petite et ancienne église convertie en grange et où l'on fit désormais les offices. L'abbé Pompanon compléta l'œuvre de M. Naulin en organisant un presbytère : toutefois, il ne l'habita pas et desservit Couhard depuis Autun.

Son premier ministère, il aimait à le raconter, fut de visiter une vieille malade. « Il faut vous confesser », lui dit-il, et il s'assied à son chevet... La bonne femme commence sa confession : « Benissez-moi, mon père... » et elle s'arrête, regarde son confesseur : « Mon père !... s'écrie-t-elle, mâ y s'ro ben trois fois vot' mère !... » Et en effet, bien qu'il eût vingt-sept ans, il paraissait d'une extrême jeunesse.

Malgré cela, il s'attacha très vite les bons habitants de Couhard et des hameaux qui parlent encore de lui. Pendant le Carême, il allait à Fragny faire des instructions. On se réunissait dans une grange ; et, du haut d'une chaire improvisée, il prêchait avec tant d'ardeur qu'un beau jour, au moment le plus pathétique du sermon, patatras ! voilà la chaire qui dégringole, et un brave homme se précipite pour rattraper le prédicateur dans ses bras.

Plus tard, devenu curé de la cathédrale d'Autun, M. Pompanon était heureux de revenir à Couhard et d'évangéliser ses anciens paroissiens.

Cependant, Mgr d'Héricourt était mort le 8 juillet 1851 ; et, pendant la vacance du siège d'Autun, le 16 février 1852, l'abbé Pompanon fut nommé aumônier des dames du Sacré-Cœur, poste qu'il ne devait guère occuper plus d'un an. La fondation du Sacré-Cœur à Autun date de 1822 ; elle s'était faite sous la direction de Mme Barat, dans les bâtiments de l'ancienne Visitation de sainte Chantal. « C'est là que cette sainte mère avait établi pour première supérieure la jeune Hélène de Chastellux, à qui elle recommandait « d'y planter, comme dans un petit parterre, la très sainte et très douce charité, et la très humble simplicité[1]. » Mais, hélas ! combien d'orages devaient secouer cette pauvre maison ! la Révolution en a chassé les Visitandines ; une épidémie meurtrière en a chassé les dames du Sacré-Cœur ; les décrets en ont chassé les Oblats de Marie Immaculée !

Sous bien des rapports, ce ministère d'aumônier de pensionnat convenait à M. Pompanon. Ses instructions et ses catéchismes soigneusement préparés, pleins d'intérêt et de piété, lui eurent

1. *Hist. de Mme Barat*, par M. Baunard, t. I, p. 426.

promptement conquis l'estime des élèves et des maîtresses. Une dame, ancienne élève du Sacré-Cœur, nous a écrit à ce sujet : « Peu de temps lui suffisait pour s'emparer d'une âme; la mienne lui fut spontanément acquise et il ne la délaissa jamais ! »

D'autre part, la vie placide et monotone d'un couvent convenait peu à son caractère militant; son esprit se pliait difficilement aux petits détails, pourquoi ne dirions-nous pas aux minuties d'une communauté de religieuses. Quelques légers conflits survenus entre lui et la supérieure le décidèrent à demander son changement. Mgr de Margueryе, le nouvel évêque d'Autun, ne fit aucune difficulté. Au contraire, appréciant toutes les qualités de l'abbé Pompanon, il se l'attacha complètement et, le 23 mars 1853, il le nommait son secrétaire particulier et chanoine honoraire.

Après tant de changements, avait-il enfin trouvé sa voie? Pas encore; il le comprit bientôt, et il regretta amèrement de s'être engagé dans ce chemin d'où il lui semblait très difficile de sortir. Comment en effet oser ne pas paraître content, tandis que Mgr de Marguerye lui donnait chaque jour de nouvelles preuves de confiance et d'affection? Mais passer sa vie à dépouiller une correspondance d'affaires souvent fastidieuses, en rendre compte et y répondre ; faire des visites officielles, demeurer pour ainsi dire à cent lieues des âmes pour lesquelles on est prêtre ; vraiment le zèle et l'ardeur de l'abbé Pompanon n'y pouvaient tenir. Plusieurs lui conseillaient de prendre patience, lui montrant quelle brillante carrière s'ouvrait devant lui : bientôt vicaire général, et, très probablement un jour, évêque. « Non, répondait-il, je sens bien que je ne suis pas fait pour une administration diocésaine ; ce sont les âmes qu'il me faut ; je ne serai heureux que lorsque je m'occuperai d'elles seulement. » Mgr de Marguerye était lui-même trop essentiellement pasteur d'âmes pour ne pas comprendre et ne pas encourager de si légitimes aspirations. Il se sépara à regret de son secrétaire particulier, en le nommant, le 12 mai 1854, missionnaire diocésain. Mais il lui garda toujours une vive affection, une grande confiance dont il donna la preuve manifeste en l'appelant plus tard au poste de curé de la cathédrale d'Autun. De son côté, M. Pompanon entoura toujours de respect et de vénération la personne et la mémoire de Mgr de Marguerye. Il le pleura comme un père.

III

Les Missions diocésaines.

On a dit que M. Pompanon était « curé dans toute la force du terme ». A notre avis ce jugement n'est pas complet ; la note caractéristique manque ; il faudrait dire « curé-missionnaire ».

Car M. Pompanon était plus encore missionnaire que curé. La vie du missionnaire, toute d'activité, de changement, d'initiative, convenait admirablement à sa nature ardente et impétueuse. Il avait le cœur du missionnaire, généreux, dévoué, sûr de la grâce de Dieu, ne tenant aucun compte des difficultés, toujours prêt à monter à l'assaut des plus grands obstacles, ne s'inquiétant nullement de la fatigue, jamais plus heureux au contraire que lorsqu'il se sentait surchargé de travail. Il avait la vraie parole du missionnaire, éloquente, lumineuse, mais par-dessus tout apostolique ; il s'adressait aux âmes, rien qu'aux âmes. Nous croyons même que ses grands succès dans les trois paroisses où il a été curé, à Saint-Gengoux, à Autun et à Chalon, viennent précisément de ce fait qu'il était curé-missionnaire.

D'ailleurs, au temps où nous vivons, au milieu des indifférents et des incrédules, ne faut-il pas que le curé soit en même temps missionnaire? Ne faut-il pas, comme les Apôtres, exercer le ministère *per domos,* aller trouver chez eux ceux qu'on ne voit plus à l'église? Ne faut-il pas recourir aux grands moyens, aux fortes prédications, pour réveiller tant d'âmes engourdies? Sans doute, les forces morales et physiques s'usent vite à cette manière de faire; jeune encore, relativement, on doit mourir à la peine : mais qu'importe? le ciel en est le prix!

Oui, voilà bien M. Pompanon : curé dans la force

du terme, mais curé-missionnaire. Toute sa vie il regrettera de ne pas s'être uniquement consacré aux missions. Après la mission donnée dans sa paroisse de Saint-Vincent en 1883 par les pères Rédemptoristes, et si merveilleusement féconde, nous l'entendrons nous dire avec l'accent de la conviction et du regret : « Ma voie était là ; que n'ai-je seulement vingt ans de moins, aujourd'hui même j'entrerais chez les Rédemptoristes ! » Et quel Rédemptoriste il eût fait ! quel missionnaire ! quel apôtre !

Mais nous ne sommes encore qu'en 1854. M. Pompanon, chanoine honoraire, vient de franchir tout joyeux le seuil de la modeste maison des missionnaires diocésains. M. Genty, aujourd'hui vicaire général, était supérieur ; autour de lui, des jeunes prêtres, pleins de talent et de zèle : M. Thomas, maintenant archevêque de Rouen ; M. Petitjean, l'illustre évêque du Japon ; M. Tachon, mort curé de Saint-Vincent, à Mâcon ; M. Rameau, l'ami de cœur de M. Pompanon et qui nous a transmis sur lui des détails touchants. Tous réussissaient à merveille dans leur œuvre apostolique. Le sillon qu'ils traçaient dans le diocèse était réellement profond et fécondé de la rosée céleste. Les paroisses évangélisées par eux ont élevé des croix commémoratives du passage de ces missionnaires zélés : mieux que cela encore, leurs noms sont restés gravés dans bien des cœurs. Après trente ans, nous, missionnaires de Paray-le-Monial, leurs successeurs, nous entendons très souvent encore parler d'eux ; et puissions-nous être les héritiers de leur dévouement et des bénédictions dont Dieu les gratifiait!

Certes on peut dire que, même pour une telle phalange, M. Pompanon était une excellente recrue. Il possédait un ensemble de qualités qui le rendait apte à tous les devoirs du missionnaire. Prédicateur, il avait une telle puissance de conviction et d'entraînement que bien peu d'hommes lui résistaient, et que très souvent on était obligé d'arrêter les applaudissements qui éclataient spontanément en pleine église. « Après le père Lacordaire, a dit un chrétien très bon juge, nul prédicateur ne m'a fait une plus forte impression que l'abbé Pompanon missionnaire. » Et nous pourrions ajouter que ce chrétien est un converti du jeune missionnaire. Confesseur, il donnait des avertissements si précis et si forts, il encourageait si bien, qu'après tant d'années nous retrouvons encore des personnes se souvenant de ce qu'il leur avait dit et des résolutions qu'il leur avait fait prendre. S'agissait-il d'organiser des chœurs de chant, il s'y livrait avec ardeur et réussissait toujours. Ses cantiques de prédilection étaient les plus chantants, les plus populaires, avec couplets et refrain; ces cantiques en un mot qui font le désespoir des musiciens de profession, mais qui soulèvent les masses et sont, dans les missions et retraites, un élément incontestable de succès.

S'agissait-il encore de préparer des reposoirs et des illuminations, il devenait habile charpentier, décorateur, et tirait un parti magnifique des pauvres ressources des églises de campagne. Puis, à ces moments de peine et d'inquiétude fréquents dans la vie du missionnaire, il savait remonter le moral de ses confrères par ses propos pleins de joyeuse confiance.

Laissons d'ailleurs M. Rameau nous tracer son portrait avec une précision impartiale et franche. Nul n'a été plus à même que lui de le bien connaître dans cette période de sa vie, puisque, après avoir été missionnaires ensemble, ensemble encore ils ont été vicaires à Saint-Sulpice.

« ... Mieux que tout le monde, je puis signaler » ce que tout le monde a connu de lui, son acti- » vité, son initiative, son zèle sympathique et » entraînant, qui lui donnait une action puissante » sur les âmes.

» Aux missions paroissiales, ces qualités empor- » taient presque à coup sûr le succès ; à Saint- » Sulpice, elles avaient fait de lui un confesseur » très recherché et très goûté.

» Ses prédications, sans avoir tout le brillant » littéraire qu'on peut admirer en d'autres, étaient » solides, pratiques et pleines de feu. Il excellait » surtout dans les retraites données aux jeunes » gens et aux jeunes filles. Il s'était formé sur ce

» point à bonne école, à celle du vénérable » M. Juillet, vicaire général d'Autun; mais il » tempérait dans la forme l'austérité du maître par » son tact, sa délicatesse et son amabilité natu- » relle.

» Puisque je viens de prononcer le nom vé- » néré de M. Juillet, laissez-moi vous rappeler » une parole de ce saint prêtre : « Je vois avec » plaisir, me dit-il un jour, M. Pompanon entrer » comme vicaire à la communauté de la paroisse » de Saint-Sulpice. Son ardeur entreprenante, » trop tôt livrée à elle-même, y trouvera le *mode-* » *ramen,* la sage direction d'une règle qui la dis- » ciplinera et lui fera produire davantage. »

» En effet, ces quelques années passées auprès » de l'illustre M. Hamon, à Saint-Sulpice, où l'ac- » tivité la plus dévorante trouve à s'exercer dans » les limites de la règle, et où l'on est mêlé au » fonctionnement d'une grande paroisse et de ses » œuvres de toute nature, étaient pour M. Pom- » panon une préparation providentielle pour la » vie pastorale à laquelle il devait consacrer le » reste de ses jours. »[1]

Malgré le léger anachronisme que cela nous imposait, nous avons tenu à ne pas diviser cette page si bien écrite, où la physionomie morale de M. Pompanon se dessine avec tant de netteté.

1. Extrait d'une lettre de M. Rameau à l'auteur.

Il nous a été impossible de retrouver tous les noms des paroisses dans lesquelles M. Pompanon a donné des missions ou des retraites. Nous n'en citerons donc que quelques-unes. Tout d'abord le Creusot, qu'il évangélisa à deux reprises différentes et où il eut de beaux succès. Un de ses auditeurs s'éprit pour lui d'un véritable élan d'affection qui dura jusqu'à la mort : M. Fyot et M. Pompanon étaient si intimement unis que nous devions au moins un souvenir à leur amitié. Après les retraites du Creusot, nommons les missions de Saint-Loup-de-la-Salle, Flacey-en-Bresse, Laizy et Brion, Iguerande, Charnay-sur-Saône, Flagy, Chambilly : c'est pendant les premiers jours de cette dernière mission qu'il dut aller assister sa pieuse mère mourante. Il donna encore la mission d'Oyé, conjointement avec M. Petitjean, le futur évêque du Japon. On l'appelait aussi dans les différentes communautés du diocèse, dans les pensionnats, pour y prêcher les exercices de la retraite, et, comme nous l'avons vu, il excellait dans ce ministère. Pendant l'année du choléra, il fut envoyé à Ecuelles, dans le canton de Verdun ; tombé lui-même malade de fatigue, il fut remplacé par M. Genty : leur parole apostolique et leur exemple de courageuse charité firent un bien immense dans cette population éprouvée.

Toutefois, ses meilleurs souvenirs de missionnaire étaient pour Salornay-sur-Guye et pour Marcigny. A peine le bon M. Bardot, alors curé de

Salornay, eut-il aperçu ses missionnaires, MM. Rameau et Pompanon, qu'il se hâta d'écrire à l'évêché : « Je vous avais demandé des apôtres, vous m'envoyez des enfants... » Mais la réponse de l'évêché n'était pas arrivée qu'il était déjà bien revenu de sa première impression. Le succès fut complet.

Quant à la mission de Marcigny, M. Pompanon la donna avec M. Thomas, maintenant archevêque de Rouen. De tels prédicateurs devaient forcément réussir au sein d'une population vive, intelligente, *athénienne*, comme celle de Marcigny ; ce fut plus que de l'entrain, ce fut un incroyable enthousiasme. L'église ne pouvait contenir la foule qui s'y pressait.

Un jour, des soldats se trouvant de passage à Marcigny, les habitants les entraînèrent en grand nombre à la mission. Et, sur la fin de son instruction, M. Pompanon s'adressant directement à eux, leur fit une allocution si pressante, si vive, leur recommandant avec tant de force d'avancer sur la route du ciel en même temps que sur celle de l'honneur, qu'un brave sergent électrisé se mit à crier tout fort comme s'il eût été sur le champ de manœuvres : « En avant, marche !... »

Une magnifique communion générale d'hommes fut le couronnement de cette belle mission. M. Pompanon avait eu l'idée de dire aux petites filles : « Celles d'entre vous qui amèneront leur père se confesser, je leur donnerai une jolie médaille. » Et voici que la veille de la clôture, une petite fille entre à l'église tenant son père par la main, traverse à grand'peine la foule des hommes massés autour du confessional, frappe à la porte, et dit à M. Pompanon : « Voici papa que je vous amène ; il ne s'est pas confessé depuis trente ans ; donnez-moi ma médaille. »

La maison des missionnaires diocésains était établie à Autun, à côté de l'évêché, dans un petit castel charmant mais trop restreint. M. Pompanon et M. Thomas surent trouver une forte somme d'argent, et négocièrent l'achat de l'ancienne abbaye de Saint-Jean, agréablement située sur les bords de l'Arroux; les missionnnaires vinrent de suite s'y installer. Ils trouvaient là tout ce qui est nécessaire à des hommes apostoliques, tout ce qui favorise la vie d'étude et de prière : la solitude, le recueillement, le silence. Déjà ils avaient réuni une belle bibliothèque, planté de longues allées d'arbres, organisé toutes choses dans des conditions excellentes. Ils espéraient demeurer là longtemps quand, soudain, la nouvelle leur arrive que Mgr de Marguerye les remplaçait par les Oblats de Marie Immaculée à qui il confiait les missions diocésaines.

M. Pompanon fut atterré de ce coup subit et imprévu. Que faire? accepter la cure qu'on lui proposait? il ne s'en sentait pas le courage. Entrer dans une communauté religieuse, il n'y avait jamais pensé. Dans cette incertitude il alla trouver son directeur, un vénérable sulpicien qui le connaissait à fond, lui promettant de s'en remettre à son avis. « Eh bien ! répondit l'homme de Dieu, à votre place, je n'hésiterais pas ; je demanderais à Monseigneur l'autorisation de passer quelques années à la communauté de la paroisse Saint-Sulpice. » Ce fut un trait de lumière... Mgr de Marguerye accorda volontiers ; mais soulignant bien : « seulement pour quelques années ». Et voilà comment, le 2 octobre 1858, M. Pompanon était installé vicaire de Saint-Sulpice à Paris.

IV

La Communauté de Saint-Sulpice.

Pour écrire ce chapitre de la vie de M. Pompanon, nous nous sommes renseigné auprès de plusieurs prêtres éminents qui furent ses confrères à Saint-Sulpice, comme auprès de chrétiens éclairés qui l'ont connu et justement apprécié durant son ministère à Paris. Surtout nous nous sommes appliqué à relire attentivement la vie de M. Hamon de si sainte et si illustre mémoire. Et nous sommes arrivé à cette conviction que les cinq années passées par M. Pompanon à la communauté de Saint-Sulpice ont été pour lui éminemment providentielles : années sanctifiantes pendant lesquelles il eut sans cesse sous les yeux les plus admirables exemples ; années d'étude et d'observation pendant lesquelles il fut initié à la vie pastorale. Tout en demeurant missionnaire dans le fond de l'âme, il se forma, à excellente école, au ministère paroissial proprement dit ; et son ministère personnel à Saint-Gengoux, à Autun, à Chalon, ne sera que la mise en pratique, dans des limites nécessairement restreintes, de ses études et de ses observations à Saint-Sulpice.

« La paroisse de Saint-Sulpice, telle qu'elle se trouve constituée aujourd'hui, est, on peut le dire, une création de M. Olier. On sait au prix de quels travaux et de quels efforts ce modèle des pasteurs parvint, durant les dix années qu'il la gouverna, à la transformer, et à faire dans le quartier le plus dépravé de Paris l'une des paroisses les plus édifiantes de cette grande ville.

» Pour opérer cette merveilleuse réforme, il substitua à l'ancien clergé de la paroisse une société de prêtres, dans laquelle il s'efforça de faire revivre l'esprit des communautés ecclésiastiques de la primitive Église. Tous ces prêtres logeaient dans la même maison, prenaient ensemble leur repas, pendant lequel on faisait une lecture, suivaient un règlement qui se rapprochait, autant que le service paroissial le pouvait permettre, de celui du séminaire.

» Les successeurs de M. Olier maintinrent ce bel ordre de choses, et en 1789 la communauté établie par lui subsistait encore et suivait la règle qu'il lui avait tracée. »[1]

1. *Vie de M. Hamon*, par M. Branchereau, p. 197.

Après la Révolution, M. Emery, tout occupé de reconstituer la société de Saint-Sulpice et les séminaires qu'elle dirigeait à Paris et dans la province, ne put reprendre la direction de la paroisse. Mais dès 1836, Mgr de Quélen voulut renouer les anciennes traditions. Toutefois, ses efforts n'aboutirent pas à cause de la pénurie des sujets dont souffrait alors la compagnie. Ce n'est qu'en 1851 que Mgr Sibour parvint à obtenir gain de cause auprès de M. Carrière, supérieur général de Saint-Sulpice : le 13 juillet, M. Hamon, supérieur du séminaire de Bordeaux, était installé curé, à la grande joie de l'archevêque et du clergé de Paris.

Cependant, et presque jusqu'à la fin de son ministère, toujours à cause de la pénurie des sujets, M. Hamon fut obligé de prendre des vicaires auxiliaires étrangers à la compagnie. C'est ainsi qu'en 1858, sans être sulpicien, M. Pompanon put entrer à la communauté de Saint-Sulpice. Il la trouvait provisoirement installée, rue Garancière, dans une maison de louage étroite et mal commode : mais il eut le bonheur, en 1863, de prendre possession avec elle de l'ancien et magnifique hôtel de la Trémouille situé rue de Vaugirard, à l'angle de la rue Férou, en face du Luxembourg.

De suite, il se sentit à l'aise au sein de cette communauté qui lui ouvrait les bras avec affection, et sous la direction de M. Hamon qui l'accueillait avec joie sur les excellents renseignements de Mgr de Marguerye. De suite, il fut ravi de ce grand et large ministère : l'admirable fonctionnement des œuvres, la splendeur des offices, tout le charmait, tout excitait en lui de vifs transports. Il n'y a pas jusqu'à Paris lui-même qui n'exerçât une véritable fascination sur son âme intelligente et impressionnable.

Bientôt aussi il se fit remarquer pour ses éminentes qualités ; et, tout en ne demeurant que comme un rouage dans la communauté, il devint bientôt un rouage très utile. Les nombreux renseignements que nous nous sommes procurés à cet égard peuvent se résumer en trois mots : bon confrère, confesseur très suivi, surtout prédicateur très apprécié. Comme œuvres particulières, il n'eut à sa charge que la direction de la *Confrérie du Saint-Sacrement* (section des hommes), et de l'*Adoration perpétuelle.*

Pour ses rapports avec les confrères, nous ne pouvons mieux les caractériser qu'en citant le témoignage de l'un d'entre eux, aujourd'hui supérieur du grand séminaire d'Avignon : « Ses » rapports avec les confrères étaient bons. Il était » serviable ; il ne laissait pas aux autres ce qu'il » pouvait faire dans les travaux les plus ordinaires » du ministère : c'était bien le prêtre de paroisse » modèle à ce point de vue [1]. » Ajoutons qu'il garda toujours pour M. Hamon la vénération la plus

1. Lettre à l'auteur.

affectueuse et la plus sincère. Disons encore qu'il fut un des plus chauds admirateurs de l'excellent père Milleriot, le confesseur et le prédicateur populaire de Saint-Sulpice : celui-ci même l'aima tout particulièrement et lui donna souvent de sages conseils qui restèrent gravés dans sa mémoire.

En très peu de temps, M. Pompanon vit son confessionnal entouré de foules nombreuses : car sa prédication à la fois pieuse et forte remuait profondément les âmes, et tout naturellement on était attiré à venir confier ses misères à cet apôtre qui paraissait si zélé et si bon. Ses pénitents étaient de toutes les classes de la société ; mais il donnait des soins particuliers à la catégorie bien intéressante des jeunes filles de la petite bourgeoisie, ouvrières, demoiselles de magasin, etc... A ce point de vue, il fut à Saint-Sulpice l'initiateur d'une importante réforme. Il était d'usage dans cette paroisse de ne pas confesser le dimanche, du moins à l'ordinaire. M. Pompanon se chargea d'une des messes tardives (toujours redoutées à cause de la fatigue), et obtint d'être à son confessionnal tous les dimanches depuis le matin jusqu'à l'heure de sa messe. Beaucoup de femmes et de jeunes filles qui ne pouvaient quitter l'atelier ou le magasin pendant la semaine, trouvaient ainsi plus facilement les secours religieux.

Nous regrettons infiniment que la discrétion

nous interdise de citer plusieurs traits qui montreraient clairement tout le bien que M. Pompanon a fait à Saint-Sulpice dans le laborieux ministère de la confession. En les entendant raconter ou en les lisant dans les lettres qui nous ont été écrites, nous avons été grandement édifié, mais en même temps peiné de la défense qui nous était faite de les livrer à la publicité. Il est vrai que c'est le secret des cœurs réservé à Dieu seul. Voici cependant le témoignage d'un jeune étudiant; nous savons assez quels étaient ses sentiments envers M. Pompanon pour être sûr qu'il ne nous en voudra pas d'avoir donné cet extrait de la lettre qu'il nous a envoyée : « Quand j'arrivai » à Paris vers 1861 pour terminer mes études et » faire mon droit, je louai un petit appartement » situé sur la paroisse de Saint-Sulpice. M. Pom- » panon y était alors vicaire. Je lui fus adressé ; » il m'accueillit avec cette cordialité qui faisait le » fond de son caractère ; et pendant trois ans, je » pus apprécier sa direction tendre et ferme. Je » le voyais souvent dans sa petite chambre du » presbytère de Saint-Sulpice, et Dieu sait si j'ai » eu à me louer de son action sur moi ! »

Comme prédicateur, dès la première fois qu'il prit la parole, M. Pompanon fit une grande impression sur les paroissiens de Saint-Sulpice. On aimait ce langage ardent et imagé ; ce ton de ferme conviction ; ces idées élevées conduisant toujours à la pratique. Il eut surtout un véritable succès, pendant les carêmes, aux conférences populaires du soir établies pour les ouvriers qui ne pouvaient assister aux sermons du prédicateur de la station. Quand on savait que c'était à lui de parler, l'église se remplissait comme aux jours des grandes solennités : plusieurs témoins oculaires nous ont affirmé le fait. Il prêcha aussi beaucoup de retraites dans les différentes œuvres ; mais toujours il excellait pour les retraites préparatoires à la première communion, et pour les retraites aux jeunes gens et aux jeunes personnes du catéchisme de persévérance. M. Hamon lui permit même souvent de faire entendre sa parole dans d'aûtres paroisses de la capitale, et toujours le succès répondit aux efforts de son zèle. Sa mission au Petit-Montrouge est demeurée célèbre. Dans une pauvre église en planches bâtie à la hâte au milieu des carrières il parvint à réunir des auditeurs nombreux. Et quels auditeurs ! des vagabonds, des mendiants, des rôdeurs de barrière qui n'étaient guère initiés assurément aux choses de la religion ! Il sut les captiver au point que l'assistance grandissant sans cesse, il fallut faire plusieurs réunions chaque jour. Le confessionnal était assiégé ; on voyait à la messe du matin s'agenouiller à la table sainte de vieux pécheurs réconciliés avec Dieu ; des unions illicites étaient validées devant la loi et bénies par la religion. Enfin, le succès fut tel que le bruit ne tarda pas à s'en répandre dans Paris : de tous les quartiers de la grande ville on accourait pour contempler ces merveilles de la grâce, au point que les conducteurs d'omnibus et de fiacres se demandaient quel pèlerinage il pouvait bien y avoir au Petit-Montrouge.

Ce fut pendant cette mission que M. Pompanon reçut tout à coup une lettre de Mgr de Marguerye le rappelant dans son diocèse. Vainement il pria, il supplia son évêque de le laisser à ce ministère de Paris qu'il aimait tant. Mgr de Marguerye lui répondit en propres termes : « Plus on vous désire, plus je vous veux ; lorsqu'on possède dans un diocèse un prêtre comme vous, on ne le donne pas à d'autres. »

Toutefois, avant de quitter Saint-Sulpice avec M. Pompanon, nous devons rappeler encore quelques-unes des grandes choses qu'il y contempla durant son séjour de cinq ans. Cela nous aidera à comprendre la suite de sa vie : car, nous l'avons déjà dit, son vicariat à Saint-Sulpice fut moins encore une période d'action qu'une période d'initiation.

Le 31 mars 1859, peu de mois après son arrivée à Paris, il assistait à l'inauguration solennelle des belles écoles et de la magnifique chapelle d'œuvres, fruits des généreux efforts de M. Hamon. Et, pendant cinq ans, il pourra constater l'utilité si grande d'une chapelle d'œuvres, il pourra juger du bien fait à l'enfance dans des écoles sérieusement et chrétiennement tenues.

Il vit aussi un des grands désirs de M. Hamon se réaliser dans l'établissement des Petites-Sœurs des pauvres, impasse Royer-Collard. Il nous a même souvent raconté que le curé de Saint-Sulpice avait coutume de lui demander de l'accompagner quand il allait visiter le nouvel établissement ; et, durant le trajet, il lui parlait avec feu de cette œuvre incomparable des Petites - Sœurs des pauvres.

Il assista encore à la réorganisation des offices paroissiaux auxquels une splendeur plus grande était donnée par l'établissement d'un chœur de chantres et de musiciens qui peut servir de modèle pour l'interprétation des mélodies sacrées, surtout par la restauration du grand orgue, merveilleux instrument, véritable chef-d'œuvre !

Enfin, il vit et étudia à loisir le fonctionnement de toutes les œuvres de la grande paroisse, les confréries de piété et de charité, les catéchismes... A son tour, il était donc prêt à devenir curé.

Mais il lui en coûta beaucoup de quitter Paris : certes, nous le comprenons sans peine. Il ne craignait pas de l'avouer : quand le bruit de la grande mer humaine s'éteignit à son oreille ; quand l'horizon immense de cheminées et de clochers disparut à ses yeux, il se mit à pleurer comme un enfant.

V

La cure de Saint-Gengoux-le-Royal.

Le 29 janvier 1863, M. Pompanon prenait possession de la cure de Saint-Gengoux-le-Royal. Brusque changement, et part bien modeste pour son âme encore toute remplie des succès éclatants de Saint-Sulpice, et du large ministère de la capitale ! Il n'eut pas même l'air de s'en apercevoir. De suite il ouvrit son cœur à ses nouvelles fonctions, et se mit à aimer de toutes ses forces ses premiers paroissiens. D'ailleurs, la paroisse de Saint-Gengoux, en souffrance depuis plusieurs années par suite du grand âge du précédent curé, allait lui fournir un terrain libre pour l'exercice de son zèle et pour l'essai de son talent de fondateur. Vaillant lutteur, véritable conquérant dans l'ordre spirituel, il aimait les difficultés, et il en faisait l'assaut avec un entrain irrésistible. Mais c'était toujours pour fonder ensuite des œuvres durables qui, nous en sommes persuadé, lui survivront longtemps.

Hâtons-nous de dire qu'à Saint-Gengoux il eut peu à combattre et ne rencontra presque pas de difficultés. Tout au contraire, ses paroissiens, qui le connaissaient de réputation, l'accueillirent avec enthousiasme. « Il n'eut qu'à montrer son bon

» sourire, nous a écrit l'un d'entre eux, l'épa-
» nouissement de son regard, sa gaieté franche,
» spirituelle, communicative ; il n'eut qu'à tendre
» la main, comme il le faisait toujours, avec une
» égale effusion, aux pauvres et aux riches ; il
» n'eut surtout qu'à faire entendre sa parole
» chaude, colorée, pénétrante, pour que chacun
» fût entraîné et conquis. »

Il y avait beaucoup à refaire et à fonder, sous le rapport matériel, comme sous le rapport spirituel. Dès son arrivée, il fit réparer le presbytère qui était dans le plus profond état de délabrement. Les habitants semblaient s'effrayer en lui voyant faire des dépenses importantes : ils ne connaissaient pas encore son talent extraordinaire pour trouver des ressources. L'église était aussi dans un déplorable état. Il fit arranger une sacristie ; et, pour obtenir des ornements convenables, il sut si bien intéresser les bonnes familles que bientôt rien ne manquait. Son intention était également de faire construire une église. Il avait déjà acheté un terrain, ouvert une souscription qui s'était couverte de respectables signatures : nul doute qu'il n'eût réussi dans ce projet, s'il fût resté plus longtemps à Saint-Gengoux. Son successeur a fait faire de belles réparations à l'ancienne église, et a su en tirer avec goût le meilleur parti possible.

Mais tout en se préoccupant du matériel, M. Pompanon faisait de généreux efforts pour réveiller et pour soulever cette population endormie sur l'oreiller de l'indifférence. D'abord il donna ses soins aux pauvres, persuadé que c'était le meilleur moyen de toucher le cœur de Dieu et le cœur des paroissiens. Il les visita paternellement, leur prodiguant de bonnes paroles et de généreuses aumônes. Il intéressa en leur faveur une société de dames de charité à laquelle il imprima l'ardeur de son âme. Chaque semaine elles se réunissaient nombreuses pour confectionner des vêtements aux malheureux; elles visitaient les malades et leur portaient des consolations et des secours. A côté de cette société de dames de charité fut bientôt établie la confrérie des Mères chrétiennes. M. Pompanon les convoquait tous les mois pour leur adresser les plus chaleureuses exhortations sur leurs responsabilités et leurs devoirs.

Sûr des dames et des mères, il s'occupa des jeunes filles. Le pensionnat dirigé par les sœurs du Saint-Sacrement lui amena ses élèves et ses anciennes élèves : précieux noyau autour duquel il groupa rapidement les autres jeunes filles de la paroisse. Toutes assistaient chaque dimanche au catéchisme de persévérance, et les plus ferventes formèrent une congrégation d'enfants de Marie. Dire tout ce que le zélé pasteur dépensa de temps, de force, de talent pour ces deux œuvres, serait impossible ! Vrai modèle d'exactitude pour les réunions, il savait toujours les rendre intéressantes, même les égayer par une pointe de fine malice.

Aussi les plus beaux résultats couronnèrent ses efforts : les bals furent complètement délaissés, et la jeunesse donna l'exemple de la plus édifiante piété.

M. Pompanon n'avait garde d'oublier les jeunes gens qu'il aimait tout particulièrement. Très bien secondé par son vicaire, il fonda une œuvre qui eut pendant plusieurs années un grand succès. La moitié du jardin du presbytère avait été consacrée à une cour de récréation; une vaste salle de réunion avait été construite. Là, chaque soir, se retrouvaient plusieurs bons jeunes gens; mais, les jeudis et les dimanches, ils étaient très nombreux. Il n'y eut qu'à les mettre sous la direction d'un bon professeur, à leur donner des instruments de musique, et bientôt une harmonie fut fondée. A la grande joie des habitants, ils jouaient à l'église, les jours de fête, et donnaient aux offices une pompe inaccoutumée. En dépit du malheur des temps, cette harmonie subsiste encore aujourd'hui et demeure fermement attachée au principe que, dans la pensée de son fondateur, elle était appelée à représenter.

Le bon pasteur n'avait garde d'oublier les petits enfants : il savait trop bien que c'est en eux que l'on prépare l'avenir chrétien de la paroisse. Aussi apportait-il tous ses soins aux catéchismes de première communion, à la bonne tenue des écoles ; et, chaque année, il prêchait une retraite à tous les enfants du pays.

Restaient les hommes : M. Pompanon voulut les atteindre à tout prix, et il y parvint. Tout d'abord il sut prendre un tel ascendant sur la classe éclairée de sa population que, dès la seconde année de son ministère à Saint-Gengoux, il voyait à la messe du dimanche tous les représentants des meilleures familles. Or, entrer à l'église c'était s'avouer vaincu ; car comment résister à la force et à la grâce de sa parole ? tôt ou tard donc, ils finirent tous par devenir de bons chrétiens. Quant aux ouvriers et aux agriculteurs, M. Pompanon n'eut pas de peine à les attirer par la retraite qu'il leur prêchait chaque année à la fin du Carême : plusieurs revenaient à la pratique de leurs devoirs longtemps négligés, et lors de la mission donnée en 1868 par deux religieux de Saint-Dominique, presque tous se réconcilièrent avec Dieu.

Ainsi la paroisse de Saint-Gengoux fut en peu de temps complètement renouvelée : les malades et les pauvres étaient visités avec soin ; les offices étaient célébrés avec dignité ; la table sainte était fréquentée. De quoi n'est pas capable le zèle d'un vrai pasteur !

C'est après la grande mission de 1868 que M. Pompanon eut l'inspiration d'élever à la sainte Vierge un monument public de reconnaissance et d'amour. Peut-être aussi pressentait-il qu'il n'avait plus guère de temps à rester parmi ses paroissiens de Saint-Gengoux, et il voulait les laisser sous la garde vigilante de la Mère de miséricorde.

Le mont Saint-Roch qui domine la petite ville de Saint-Gengoux lui parut le point favorable pour l'érection d'une statue monumentale. Au seizième siècle, après une épidémie terrible, une famille miraculeusement préservée y avait construit un bel oratoire en l'honneur de saint Roch ; mais la Révolution était venue ensuite, et il ne restait plus que quelques ruines. Admirable emplacement d'où la Vierge Immaculée étendrait ses mains protectrices sur tout le pays d'alentour ! La paroisse entière voulut contribuer à cette œuvre de foi et d'amour envers Marie, et le 8 août 1869 fut un jour de fête mémorable. L'église, la ville, la montagne, étaient magnifiquement pavoisées. Mgr de Marguerye bénissait lui-même la statue en présence des milliers de pèlerins électrisés par l'éloquente parole de M. Juillet, vicaire général.

Ce fut la dernière joie de M. Pompanon dans ce pays où il avait tant travaillé. Le 30 octobre 1869 il disait à ses paroissiens désolés de son départ : « Tout pour Dieu ! point d'oubli ! »

VI

Le canonicat et la cure de la Cathédrale d'Autun.

Mgr de Marguerye se trouvant à Paray-le-Monial le 17 octobre 1869, pour la fête de la bienheureuse Marguerite-Marie, fit venir le curé de Saint-Gengoux et lui annonça qu'il le nommait chanoine titulaire et curé de sa cathédrale. L'installation eut lieu moins d'un mois après, le 14 novembre. M. Pompanon rentrait heureux à Autun où il avait laissé d'excellents souvenirs et où il possédait de nombreux amis. Tous ceux, d'ailleurs, qui ont habité cette ville si pittoresque, si caractérisée, savent qu'on s'en éloigne avec peine et qu'on y revient avec bonheur. Mais surtout, à cette époque encore, Autun était profondément chrétien; il vivait de son glorieux passé, fier de ses surnoms de *cité du Christ*, de *sœur* et d'*émule de Rome;* et le souffle de l'impiété contemporaine y avait à peine pénétré. Depuis, hélas! que de ravages et que de ruines!

Le ministère de M. Pompanon comme curé de la cathédrale fut fécond en œuvres excellentes; toutefois, nous croyons que c'est à Saint-Vincent de Chalon seulement qu'il se montra véritablement curé dans toute la force du terme. Dans une cathédrale le curé n'est pas le seul maître; il y a là une multitude de services très honorables dont il faut tenir un compte respectueux. Or, l'ardeur native de M. Pompanon avait souvent de grandes difficultés à s'y soumettre; avec les meilleures intentions du monde, il lui arrivait de faire souffrir autour de lui, et il souffrait lui-même beaucoup. Puis son initiative de curé-missionnaire resserrée entre des règlements et d'antiques usages avait peine à se contenir. Que de fois nous l'avons vu désolé, découragé, prêt à tout abandonner!

Enfin, pour tout dire en un mot, à Autun il a fait beaucoup de bien, mais c'est à Chalon que nous verrons l'épanouissement de toutes ses facultés.

La première œuvre de M. Pompanon à Autun, même son œuvre capitale, fut la réorganisation de la messe de paroisse. Insensiblement, l'usage s'était introduit dans la population de déserter la cathédrale pour les chapelles particulières. Dès lors, l'action pastorale se trouvait complètement annihilée. Comme saint Ambroise dans son fameux discours *Qu'il ne faut pas abandonner les basiliques,* M. Pompanon proclama bien haut et prouva par les raisons les plus fortes *qu'il ne faut pas abandonner son église paroissiale.* Son éloquence triompha rapidement des habitudes contractées ; et bientôt, chaque dimanche, à la messe de huit heures dite paroissiale, la vaste cathédrale offrait le plus consolant spectacle. Toute la société intelligente, les ouvriers en grand nombre, remplissaient les trois nefs, se pressaient autour de la chaire, avides d'entendre les belles allocutions du curé. Puis, on se mit à faire un peu de musique : quelques timides essais d'abord qui éclatèrent enfin en chœurs magnifiques. Aujourd'hui, la messe de huit heures groupe encore les fidèles paroissiens de Saint-Lazare. De temps en temps, Sa Grandeur Mgr Perraud l'honore de sa présence et la rehausse de son admirable parole. La musique y est plus belle que jamais. Mais là, que de fois nous l'avons senti nous-même ! sur cet auditoire recueilli plane toujours la mémoire de M. Pompanon.

Indépendamment du discours de huit heures, tous les dimanches il prêchait lui-même ou faisait prêcher ses vicaires à la messe du matin et à la messe des enfants : c'étaient alors ces prônes familiers pour lesquels il avait un rare talent. Puis, l'après-midi, avait lieu le catéchisme de persévérance qu'il faisait conjointement avec ses vicaires, selon la méthode de Saint-Sulpice. Et très souvent même, le soir, des réunions spéciales pour les Mères chrétiennes, pour les Dames de charité, ou pour les jeunes gens. Au point que, certains dimanches, l'infatigable curé parlait jusqu'à six ou sept fois ; et nous verrons que sa parole soigneusement préparée honorait toujours son ministère.

Pour suivre l'ordre chronologique des faits, nous devons rappeler les douloureux souvenirs de la guerre. Triste temps où Autun, accablé comme le reste de la France sous le grand deuil de la patrie, était de plus serré de près par les Prussiens et intérieurement dévasté, profané par les bandes du trop célèbre aventurier italien. La noble cathédrale où reposent tant de reliques de saints était devenue une caserne, et quelle caserne !... Toutefois, il y avait là encore de généreux enfants de la France, et c'est d'eux dont nous allons voir M. Pompanon s'occuper avec toute l'ardeur du plus généreux patriotisme. Le 1er décembre, la canonnade retentit tout à coup. Ce sont les Prussiens qui bombardent Autun. Personne ne les a vus venir... je me trompe, un prêtre revenant de Saint-Martin les a parfaitement reconnus; en toute hâte il a couru à la place militaire; mais au lieu de l'écouter, on criait sottement : C'est un espion ! et peut-être allait-on lui faire un mauvais parti, quand un premier obus passa sur la ville !

L'ennemi avait pris pour point de mire le cher petit séminaire d'Autun sur l'esplanade duquel de nombreux canons étaient rangés. Les braves mobiles de la Charente et de l'Aveyron ripostèrent vaillamment. La lutte fut acharnée. Les mobiles tombaient en grand nombre morts ou blessés... Enfin, le feu cessa du côté des Prussiens ; ils étaient partis. M. Pompanon, comme les autres prêtres d'Autun, se prodigua auprès des blessés pour leur administrer les secours de la religion. Et lui-même présida l'enterrement des morts. Quand les innombrables cercueils eurent été descendus dans une fosse commune, sur le bord de cette fosse autour de laquelle étaient rangés les survivants des mobiles de la Charente et de l'Aveyron, le digne curé prit la parole. En termes profondément émus, il dit adieu aux morts, et il promit aux vivants que leurs camarades ne seraient pas oubliés à Autun.

Fidèle à sa promesse, aussitôt après la conclusion de la paix, il ouvrit une souscription, et sur la tombe des défenseurs d'Autun il fit élever un mausolée que Mgr de Margueryc bénit le jour même anniversaire du combat.

Cependant, la pauvre France blessée se relevait peu à peu et reprenait force et vie. On se rapprochait de Dieu que l'on avait trop oublié ; il n'y avait qu'un cri sur toutes les lèvres : allons à Marie ! allons au Sacré-Cœur ! M. Pompanon crut le moment venu de mettre à exécution un projet qu'il poursuivait depuis son arrivée à Autun : l'érection d'une chapelle d'œuvres et la construction de salles de catéchismes. Quoi de plus utile, de plus indispensable même? Il n'y avait pas de salles de catéchisme, et l'on était obligé de réunir les enfants dans la grande et froide cathédrale. Pour les retraites, les réunions des différentes œuvres, il n'y avait qu'une chapelle très insuffisante, quoique d'une magnifique architecture, et à laquelle on arrivait par un obscur escalier en spirale. Fort de l'assentiment de Mgr de Margueryc, M. Pompanon se mit à l'œuvre avec confiance.

Tout à côté du presbytère se trouvait un emplacement admirablement propice, misérable galetas pour le moment et très mal habité. Mais de pieux souvenirs s'y rattachaient, et dans l'une des murailles qui ferait un des côtés de la chapelle future, les archéologues admiraient trois belles fenêtres gothiques. Le galetas fut donc acheté et démoli ; puis, sous la direction d'un habile architecte, M. Roidot, s'éleva rapidement la charmante chapelle baptisée du nom gracieux de Notre-Dame des Bonnes-Œuvres. Que d'efforts, que de démarches M. Pompanon dut faire pour se procurer les ressources nécessaires : mais qu'il en fut bien récompensé !

Au-dessus de la chapelle, des salles de catéchisme ont été aménagées grandes, chaudes et commodes. La chapelle elle-même se prête merveilleusement à toutes les œuvres pieuses. Là se réunissent les associations de charité ; les conférences de Saint-Vincent-de-Paul pour leurs grandes assemblées et pour leurs retraites ; les congrégations d'enfants de Marie. Là se font, dans les meilleures conditions de recueillement et de calme, les retraites préparatoires à la première communion. Là se tiennent, chaque dimanche, les réunions du catéchisme de persévérance. Nous qui avons coopéré à cette œuvre, pourrons-nous jamais l'oublier ! plus de quatre cents jeunes filles dont la moitié au moins, vraiment intelligentes et lettrées, prenaient des notes et faisaient des résumés ! puis des cantiques, et tous les ans une retraite suivie avec une édification parfaite ! Là enfin, pendant l'hiver de 1873-1874, M. Pompanon eut l'idée d'appeler les hommes à des réunions populaires. L'empressement fut prodigieux, et nous croyons qu'un bien réel se fit dans ces réunions, qu'elles contribuèrent tout au moins à grouper les hommes et à préparer les magnifiques auditoires du Carême de 1875 où Mgr Perraud prêcha avec tant d'éclat.

On voit que les œuvres de M. Pompanon à Autun étaient réellement le fruit de ses observations de Saint-Sulpice. Il n'avait pas oublié surtout les généreux efforts de M. Hamon pour l'établissement des Petites-Sœurs des pauvres sur sa paroisse, et il brûlait du désir de l'imiter. Les pauvres vieillards étaient si nombreux à Autun où la pureté de l'air assure une grande longévité ; ils étaient si misérables dans leurs réduits obscurs et malsains des faubourgs ! même le souci du pain matériel, l'habitude de la mendicité, leur faisaient tant négliger le soin de leur âme ! Chères Petites-Sœurs, ah ! que vous avez été les bienvenues !... Les débuts furent assez difficiles dans la modeste maison de la rue Dufraigne, mais ils furent joyeux au possible. Comment oublier le dévouement héroïque des Petites-Sœurs, l'enthousiasme de la population à leur égard, l'étonnement des *bons petits pères* et des *bonnes petites mères* en se voyant l'objet de soins dévoués et tendres ! Comment oublier les offices absolument *sui generis* de la petite chapelle où, après une allocution typique dans laquelle le curé vous avait fait pleurer, on se tenait à quatre pour ne pas éclater de rire en entendant les voix chevrotantes des vieux et des vieilles chanter des hymnes et des cantiques ? Qu'on nous permette un souvenir personnel : premier aumônier des Petites-Sœurs à Autun, c'est nous qui avons été mettre dans le jardin convoité pour construire la grande maison, la médaille bénie de saint Joseph qui devait triompher de toutes les résistances du propriétaire.

Moins de trois ans après, la maison était construite, vaste et commode, magnifiquement située ; le 12 septembre 1877, Mgr Perraud en faisait la bénédiction solennelle. Toutefois, nous devons le dire, la maison n'est point terminée ; même il reste à payer un arriéré bien lourd, et, pire que cela, tant de pauvres vieillards que le manque de place empêche d'y admettre se voient réduits à une grande misère..... C'est pourquoi les personnes charitables qui liront ces lignes et qui pourront venir au secours des Petites-Sœurs, feront certainement une excellente œuvre.

Avant de quitter Autun, M. Pompanon s'occupa encore très activement d'une souscription pour l'installation d'un calorifère dans la cathédrale. Mais sur ces entrefaites, la cure de Saint-Vincent de Chalon étant devenue vacante, il y fut nommé et installé le 19 décembre 1878. Le secret avait été si fidèlement gardé que M. Pompanon était déjà parti et les paroissiens de Saint-Lazare ne se doutaient pas même de son changement.

VII

Le provicariat et la cure de Saint-Vincent.

Aussitôt installé à Chalon, M. Pompanon se mit à cultiver avec une ardeur infatigable le nouveau et vaste champ que la Providence lui confiait. Dans son discours d'entrée, il ne craignit pas d'adresser à son peuple et de s'appliquer à lui-même, dans la simplicité et la bonne volonté de son cœur, la parole de saint Paul : *Impendam et super impendar ipse,* je sacrifierai tout et je me sacrifierai moi-même pour vos âmes. Magnifique programme du dévouement sacerdotal qui a été réalisé à la lettre ! Fidèles de Saint-Vincent, vous en êtes les témoins, votre curé n'a-t-il pas tout sacrifié pour vous ? et il est mort à la peine ! Croyez-le bien, vous n'avez pas satisfait à toute votre dette envers lui par les belles funérailles que vous lui avez faites... que sa mémoire vive toujours dans vos cœurs !

A son arrivée à Chalon, M. Pompanon trouvait une splendide église, magnifiquement réparée par son prédécesseur. Cette église sera sa joie, son orgueil. Il s'efforcera d'en compléter l'ornementation, d'en rehausser encore la splendeur par l'éclat des cérémonies. Son rêve, irréalisé hélas ! sera la restauration du grand orgue, vieux serviteur épuisé qui gémit d'être si impuissant à rendre les belles inspirations de son habile organiste !

Mais si le bercail était grand et magnifique, que de brebis égarées, perdues ! Sans retard, l'ardent pasteur partit à leur recherche, et, Dieu aidant, il en ramena un bon nombre.

Dans l'impossibilité où nous sommes de citer tant d'œuvres de toutes sortes et dans lesquelles il dépensait des trésors de talent et de dévouement, arrêtons-nous aux principales.

La première de toutes pour un curé est assurément le soin assidu et persévérant du fonctionnement de la paroisse : la régularité et le bon ordre des offices ; l'administration des sacrements ; la célébration aussi solennelle que possible des grandes fêtes de l'année chrétienne, ces mille et un détails auxquels sans cesse il faut penser. Sous ce rapport, M. Pompanon était un modèle d'exactitude et de fidélité au devoir. Mais aussi, Dieu sait qu'il ne ménageait pas ses vicaires qui d'ailleurs prenaient généreusement le bon parti : obéir et marcher !

Au temps où nous vivons, et surtout dans les villes, l'œuvre générale ne suffit pas : trop souvent appeler tout le monde c'est n'appeler personne. De toute nécessité il faut des œuvres particulières dans lesquelles on prend chaque catégorie pour ainsi dire en sous-œuvre. Et c'est ainsi, par une sorte de synthèse, que l'on arrive à constituer au moins un noyau sérieusement chrétien. Or, ces différentes catégories sont au nombre de cinq principales : la jeunesse, les hommes, les mères chrétiennes, les pauvres, les non-pratiquants.

Au premier rang, d'accord avec Mgr Dupanloup, son maître vénéré dans les œuvres de zèle, M. Pompanon mettait la jeunesse. N'est-elle pas en effet l'espérance, l'avenir, le salut ou la ruine ? Aussi se donnait-il tout entier à l'œuvre capitale des catéchismes : catéchismes de première communion, catéchismes de persévérance. Chaque jour, il faisait son catéchisme à onze heures : tâche ingrate, difficile, surtout dans les paroisses où l'on n'a trop souvent que de pauvres enfants appartenant à des familles sans religion et fréquentant des écoles sans Dieu. C'est alors que le prêtre doit se dépenser avec une persévérance qui ne connaît ni la fatigue ni l'ennui. Chrétiens de Saint-Vincent, vous admiriez votre curé lorsque, du haut de la chaire, dans la splendeur d'un grand jour, il vous adressait ces belles et lumineuses instructions que vous n'oublierez jamais... Eh bien ! il était plus admirable encore quand, enfermé dans une humble salle, entouré d'une troupe d'enfants, il s'efforçait de faire entrer un peu de connaissance de Dieu dans ces petites têtes dures ou distraites, un peu de piété dans ces cœurs si légers. Comme l'a si bien proclamé un de ses vrais amis, M. Nivet, avocat à Chalon, dans sa touchante allocution du cimetière : « Quels parents » pourraient oublier la première communion de

» Saint-Vincent! comme M. le curé parlait à ses » chers enfants ! quelle tendresse pleine de fer- » meté ! quelle gravité tempérée de douceur ! quel » art d'intéresser ces jeunes intelligences ! quelle » foi ardente et passionnée pour échauffer ces » jeunes cœurs ! quelle dignité dans la célébra- » tion des offices de ce jour. Il semblait que le » bel ordre extérieur des cérémonies fût comme » une image de l'ordre intérieur des âmes et que » le pur éclat des fêtes symbolisât la pureté des » consciences. »

Après les catéchismes de première communion, M. Pompanon donnait ses soins au catéchisme de persévérance des jeunes personnes qui avait lieu tous les dimanches dans le vieux cloître de Saint-Vincent converti en chapelle. De même qu'à Autun, pour ce catéchisme, il se faisait aider par ses vicaires et suivait la méthode de Saint-Sulpice si apte à tenir l'esprit en éveil par la variété des exercices. Prières, cantiques, explication de l'Évangile, histoire de l'Église, leçon proprement dite du catéchisme, réponse aux objections, avis, conseils... avec tout cela, on comprend que l'heure passait toujours trop vite. Chaque année, pour la fête de l'Immaculée Conception, une retraite était donnée aux congréganistes et aux jeunes personnes du catéchisme, et nul prédicateur assurément n'était plus désiré que le catéchiste lui-même.

Une autre œuvre de persévérance à laquelle il tenait beaucoup était la société des Enfants de

Marie, ouvrières et demoiselles de magasins, dirigée par les sœurs de Saint-Vincent-de-Paul. Chaque quatrième dimanche du mois, il les convoquait à une messe de communion générale. Et le soir après vêpres, dans une causerie toute familière et paternelle il les instruisait de leurs devoirs. Ce furent elles qui eurent sa dernière instruction, le dimanche soir 18 octobre 1885. Jamais il ne leur avait parlé avec plus de force et de bonté. Le surlendemain il tombait frappé à mort.

De cette société des Enfants de Marie font partie les orphelines de Saint-Vincent-de-Paul. Il avait pour elles une prédilection marquée ; il les appelait « son petit troupeau », et les entourait des plus tendres sollicitudes.

Mais rien ne le préoccupait plus fortement et à plus juste titre que la grande question des écoles libres. Quel prêtre en effet, quel homme de cœur ne serait ému de la situation faite à l'enfance ? qui ne serait prêt aux plus grands sacrifices de son temps, de ses forces et de son or pour arracher les jeunes générations à la libre pensée et à la morale athée ? Aussi le curé de Saint-Vincent, dont le coup d'œil exercé entrevoyait la ruine à courte échéance de la religion dans sa paroisse si on ne réagissait de toutes ses forces, se passionnait-il de zèle et de dévouement chaque fois qu'il s'agissait de ses chères écoles libres. Il était l'âme du comité organisé pour recueillir et pour administrer les fonds nécessaires à cette grande œuvre.

Et non content de soutenir les écoles primaires, il favorisa de tous ses efforts l'établissement d'une école secondaire libre, et il eut la consolation de la voir entrer en excellente voie. Nous voulons parler de l'*École Sainte-Marie* à laquelle nous souhaitons du plus grand cœur prospérité et succès.

Enfin, nous devons signaler la touchante affection de M. Pompanon pour la jeunesse spécialement dévouée au sanctuaire : il s'inquiétait du recrutement de la milice sacerdotale, et lorsqu'il découvrait chez un enfant quelques germes de vocation il les cultivait avec un soin jaloux. Le petit séminaire de Rimont lui plaisait infiniment, au point qu'il le convoqua tout entier, le dimanche 28 juin 1885, pour officier et chanter dans l'église de Saint-Vincent. Ce fut une magnifique journée, car, nous pouvons le dire sans exagération, à Rimont la musique est admirablement cultivée.

Après les enfants, les hommes occupaient sa pensée et son cœur. Comme il gémissait de cette apostasie des hommes presque générale de nos jours ! Avec quelle ardeur il eût voulu les ramener à Dieu ! Mais laissons un témoin nous dire lui-même ce qu'il a vu et entendu : « C'est d'abord » la messe des hommes, celles de ses œuvres que » peut-être il aimait le mieux, cette messe fondée » par un autre prêtre qui nous est bien cher [1],

1. M. l'abbé Bugniot, missionnaire apostolique.

» mais introduite à Saint-Vincent, renouvelée,
» transformée par M. l'abbé Pompanon. Chaque
» dimanche, il groupait autour de sa chaire un
» nombreux auditoire d'hommes qu'il aimait et
» dont il se sentait aimé. Là, avec une parole pré-
» cise et simple, il abordait les plus hauts pro-
» blèmes de la philosophie religieuse. Que de
» malentendus dissipés ! que d'erreurs corrigées !
» que de préjugés détruits dans ces conférences
» de vingt minutes, qui, toutes, étaient remar-
» quables, dont quelques-unes furent des chefs-
» d'œuvre. »[1]

Sans doute, dans ce bel éloge, aura-t-on remarqué une phrase qui semble en contradiction avec ce que nous disions tout à l'heure à propos des enfants... « Celle de ses œuvres que peut-être il aimait le mieux. » D'abord, nous pouvons dire qu'il avait le talent merveilleux de faire croire que chacune de ses œuvres était la préférée. Mais nous maintenons notre assertion appuyée sur les confidences les plus sûres de sa part que l'œuvre à laquelle il attachait le plus de prix était réellement celle des enfants : et cela prouve que ses vues étaient surnaturelles et désintéressées. Au jour de ses funérailles, nous entendions dire : « Où trouvera-t-on un prêtre qui aime autant les hommes et qui leur parle si bien ? » Et nous nous

1. M. Nivet. Discours prononcé au cimetière sur la tombe de M. Pompanon.

disions : « Où trouvera-t-on un prêtre qui aime autant les enfants et qui leur parle si bien ? »... A l'heure où nous écrivons ces lignes, ce prêtre est trouvé : Dieu soit béni !

Chaque troisième dimanche du mois, M. Pompanon donnait une conférence aux Mères chrétiennes. Il fallait entendre avec quelle force il leur parlait de leurs devoirs ! puis, avec quelle souplesse, quelle connaissance étonnante de la vie du foyer, il entrait dans les plus petits détails ! Nous avons sous les yeux un résumé des conférences du bon curé fait par l'une de ses auditrices les plus intelligentes. Que nous voudrions pouvoir le transcrire ici ! L'idée dominante est que, les mères chrétiennes prenant nécessairement Dieu pour modèle dans leur maternité, doivent se regarder comme *créatrices*, *conservatrices* et *révélatrices*. On comprend quels magnifiques développements, quels enseignements éminemment pratiques ce thème si fécond devait fournir à l'éloquent conférencier. Il était impossible qu'une mère sortit de ces entretiens sans se sentir plus pénétrée du sentiment de sa propre dignité, de la grandeur de ses devoirs. Aussi sommes-nous persuadé qu'une des premières gloires, un des premiers titres de M. Pompanon à la récompense éternelle, c'est d'avoir formé bien des mères vraiment dignes de ce nom. Mais qu'on nous permette de citer quelques extraits du précieux carnet de notes que nous avons entre les mains :

« Gagnons dès la plus tendre jeunesse la con-
» fiance de nos enfants ; ne les brusquons pas ;
» aimons à causer avec eux ; provoquons leurs
» confidences, surtout avec les filles. Et plus nous
» voyons que le cœur de notre enfant semble
» fermé, plus nous devons lui prodiguer notre ten-
» dresse. Non, ce cœur n'est pas fermé ; il y a un
» joint par lequel nous pourrons pénétrer, et c'est
» parce que nous ne savons pas trouver ce joint
» que nous nous laissons entraîner à dire : mon
» enfant n'a pas de cœur ! »

Qui ne serait frappé de la justesse de cette remarque ! et combien d'éducations manquées parce qu'on n'en a point tenu compte !

M. Pompanon est tout à fait partisan de la vie de famille prolongée pour l'enfant aussi longtemps que possible ; les internats, même les meilleurs, n'ont pas la divine influence du foyer. Mais il faut qu'au foyer l'enfant trouve un milieu *préservé*, un milieu de *vérité*, de *charité*, de *paix*. Pour peindre le milieu *préservé*, l'orateur entre dans des détails techniques les plus touchants, les plus précis, souvent même les plus justement indignés. Ainsi, quand il parle des mauvais exemples donnés parfois aux enfants par leurs propres parents ; quand il les montre, ces pauvres enfants, devenant de petits êtres sensuels, égoïstes, impies... et cela à l'école même de la famille, on ne peut se défendre d'un sentiment de terreur à la pensée de la justice de Dieu.

Écoutez-le maintenant nous entretenir du milieu de *vérité*. « Il faut exiger une sincérité complète » autour de l'enfant. Non seulement nous devons » lui inspirer l'horreur du mensonge, mais encore » nous ne devons jamais mentir devant lui. Natu- » rellement l'enfant est vrai, sincère. On dit : « naïf comme un enfant ! » ou encore : « enfant » terrible ! » Il dit ce qu'il sait, comme il le pense. » Ne le punissons jamais plus sévèrement que » lorsqu'il a menti..... »

Nous regrettons d'être obligé de nous restreindre dans ces citations. Mais le peu que nous en avons dit suffira pour convaincre que M. Pompanon était *essentiellement maître* dans cette science surémi- nente de l'éducation de la jeunesse.

Arrivons aux différentes œuvres établies ou dirigées par M. Pompanon pour le soulagement des pauvres si nombreux sur la paroisse de Saint-Vincent. Sa charité était surtout organisatrice, nous devons le reconnaître ; elle n'avait pas cet élan qui porte à donner toujours, sans compter, et n'importe à qui ; elle recherchait assidûment les vrais pauvres. Aussi s'appuyait-il souvent de l'autorité du texte sacré : *Beatus qui intelligit super egenum, et pauperem* [1], bienheureux celui qui a l'intelligence de l'indigent et du pauvre !

En vrai ministre de Jésus-Christ, il se faisait donc exactement renseigner sur tous les pauvres

1. Ps. XL, 2.

de sa paroisse, sur les malades et les infirmes, et il s'ingéniait de mille manières pour leur procurer des secours abondants. Rendons hommage au dévouement des sœurs de Saint-Vincent-de-Paul et des Dames de charité qui furent pour lui de si puissants auxiliaires. Le premier mardi de chaque mois, il faisait une conférence aux *Dames de la Miséricorde*. Son thème était absolument original et très fécond en développements ; il parlait sur les qualités du cœur envers les pauvres, les ramenant à cinq : voir, entendre, sentir, parler, toucher. Le cœur vraiment charitable est celui qui voit la misère, qui entend sa plainte, qui en est ému, qui la console et qui la guérit.

Quelques mois avant sa mort, M. Pompanon avait inauguré une autre œuvre pour le soulagement des pauvres malades à domicile. Œuvre excellente, surtout à notre époque d'indifférence religieuse ; car son but est moins encore de procurer des secours matériels aux malades que de leur assurer des secours spirituels et de les préparer à comparaître devant Dieu.

Enfin, le curé de Saint-Vincent n'était pas de ceux à qui le grand nombre des fidèles habitués de l'église fait oublier les absents. Sans cesse, au contraire, il se préoccupait des non-pratiquants, si nombreux, hélas ! même si hostiles, si enracinés dans leurs préjugés et dans leurs haines antireligieuses ! Pour les ramener, il eût fait généreusement les plus grands sacrifices, et sans cesse il avait recours aux saintes industries du zèle apostolique pour vaincre leurs résistances. C'est ainsi qu'en 1882, Mgr Perraud, se rendant avec empressement à sa prière, prêcha aux hommes de Chalon une retraite qui fut admirablement suivie. L'année suivante, une grande mission était donnée à Saint-Vincent par les pères Rédemptoristes si habiles en cet art; le concours fut prodigieux, les résultats furent très consolants. Et c'est en souvenir de cette mission que M. Pompanon a fait ériger dans son église la belle et riche chapelle de Notre-Dame du Perpétuel-Secours dont le culte avait été inauguré à Chalon par les fils de saint Alphonse de Liguori.

En 1884, le Carême de Saint-Vincent fut prêché par le supérieur des missionnaires diocésains de Paray-le-Monial : M. Pompanon l'avait appelé comme un prêtre de talent, comme un ami... il ne se doutait pas que ce Carême contribuerait à le faire bientôt désigner pour son successeur.

Tel était M. Pompanon : véritable curé; plein d'ardeur, de dévouement, de zèle; ne pensant qu'à sa paroisse et à ses chers paroissiens; se dépensant sans cesse pour eux!

VIII

Portrait physique et moral.

A la pensée de dessiner le portrait de M. Pompanon, nous sommes comme effrayé d'une telle entreprise, et, pour un rien, nous rejetterions notre plume. Il y a tant de contrastes dans cette figure, des oppositions si vives de lumière et d'ombre, tant de vigueur d'expression avec des teintes parfois très douces, que nous nous disons : que n'ai-je le pinceau ou le burin d'un Rembrandt ? Car, bien éloigné de cette vaine flatterie pour laquelle il professait un si profond dédain, nous voulons dire la vérité et toute la vérité. D'ailleurs, nous le connaissions parfaitement, et nous sommes sûr que, de l'autre monde, s'il nous voit et nous entend, il demeure indifférent quand nous exaltons ses qualités, il applaudit si nous parlons de ses défauts.

M. Pompanon n'était pas de haute taille, mais vif et alerte, conservant à soixante ans un air extraordinaire de jeunesse. La physionomie, d'une mobilité extrême, reflétait à ne pouvoir s'y tromper les sentiments et les impressions de son âme. Il ne savait aucunement dissimuler, il ne le pouvait pas. Plusieurs prétendent que cela lui a nui bien souvent ; nous nous abstiendrons d'un jugement à cet égard. Sous le rapport de la santé, il était d'une complexion délicate. Il avait eu de nombreuses maladies pendant son enfance et sa jeunesse, et presque tous les ans une bronchite l'obligeait à garder la chambre plus ou moins longtemps. En 1867, tandis qu'il était curé de Saint-Gengoux, cette bronchite le retint pendant tout le Carême, mettant sa patience à une épreuve extraordinaire. Sa mise, très correcte, était toujours de la plus grande simplicité. Il aimait l'ordre et la propreté. Son appartement, sans aucun luxe, était néanmoins bien tenu. Sa bibliothèque, son bureau, ses papiers d'affaires, ses divers comptes si multipliés : tout était dans un ordre parfait. Que de fois nous lui avons entendu dire : « Je puis mourir, mes affaires sont en règle ! »

Au point de vue intellectuel, M. Pompanon était bien doué. Mémoire très heureuse. Brillante imagination, quand il voulait donner carrière à cette faculté, ce qu'il s'accordait du reste très rarement, se moquant de ceux qui s'amusent à faire des fleurs quand il y a à dire tant de choses utiles. Intelligence prompte et facile, rendue très positive dans le bon sens du mot, par l'étude et la réflexion.

D'ailleurs, tous ses travaux se rapportaient à son ministère et n'étaient qu'une préparation à ses diverses prédications : la théologie, l'Écriture sainte, l'étude si importante de nos jours des questions sociales. Il possédait à fond la *Somme* de la foi catholique contre les gentils, de saint

Thomas d'Aquin ; et c'était là le plus souvent qu'il allait chercher ses arguments contre les indifférents et les incrédules. Il savait presque par cœur les beaux traités de Mgr Dupanloup sur l'*Éducation* et sur les *Devoirs des mères chrétiennes.* Il aimait le père Gratry et le relisait souvent : à notre avis, ce fut même le père Gratry qui fut son maître de style. Que de fois nous avons reconnu cette harmonie de langage et cette haute poésie grâce à laquelle des idées souvent très abstraites, très positives, se présentaient et étaient accueillies comme des reines éblouissantes. Il estimait aussi les ouvrages de son ami du séminaire, M. l'abbé Bougaud. Enfin, persuadé qu'un prêtre et surtout un curé doit être de son temps, il donnait toute son attention aux questions actuelles dans lesquelles se débattent la vie et l'avenir de notre société ; il les étudiait avec soin dans les œuvres contemporaines les plus estimées ; la lecture même de son journal était dirigée vers ce but. En dehors de cela, il n'était que peu au courant des questions artistiques, littéraires et scientifiques. Il l'avouait du reste bien humblement. Et lui, si fort dans la conversation quand il s'agissait des choses de son état, il se mettait à questionner, comme un enfant, sur ce qu'il n'était pas obligé de savoir : les laïques sérieux en étaient édifiés.

Durant ses vacances de missionnaire et de vicaire, il avait fait plusieurs voyages en Italie, en Suisse, sur les bords du Rhin : il en parlait avec une verve intarissable, se souvenant des moindres détails. Joignez à cela de réelles qualités de cœur, un caractère très gai, beaucoup de politesse, une certaine connaissance des usages du monde ; et vous comprendrez jusqu'à quel point sa compagnie devait être goûtée. Il pratiquait ainsi ce que l'on peut appeler *l'apostolat de l'amabilité*, faisant tomber bien des défiances, et amenant à l'église une multitude d'hommes que les préjugés seuls en éloignaient.

Et maintenant, pour accentuer cette physionomie et lui donner son caractère propre, nous ne voyons rien de mieux que cette ligne de Bossuet dans son portrait du cardinal de Retz : « Cet homme... d'un caractère si haut, qu'on ne pouvait ni l'estimer, ni le craindre, ni l'aimer, ni le haïr à demi...[1] » Nul plus que M. Pompanon n'a eu des amis dévoués et des adversaires déclarés. Quand une fois il avait résolu une chose qu'il croyait bonne et utile, aucun obstacle n'était capable de l'arrêter ; et, sur son passage, il soulevait des dévouements enthousiastes ou des oppositions irréconciliables. La force de ses convictions, jointe à l'impétuosité de son tempérament, l'amenait parfois à des vivacités de langage qu'il regrettait bien vite avec une sincérité touchante. Nous l'avons vu souvent venir s'excuser devant des inférieurs de ses emportements. Disons aussi qu'il

1. Oraison funèbre de Michel Le Tellier.

était absolument sans fiel, vraiment humble, soumis et obéissant. Malheureusement, des paroles trop ardentes et trop vives lui faisaient bien souvent attribuer des sentiments qu'il n'avait réellement pas. En un mot, pour le bien connaître et pour l'apprécier à sa juste valeur, il fallait avoir vécu dans son intimité et pénétré jusqu'au fond de son cœur.

Cette ardeur si grande, inquiète même souvent, lui faisait entreprendre des choses qu'il devait abandonner ensuite. C'est ainsi qu'il imaginait une multitude d'œuvres qui languissaient bientôt entre les mains des pauvres vicaires essoufflés.

Que dire de plus? dans toute la force du terme, il avait les défauts de ses qualités. Beaucoup de lumière, mais aussi beaucoup d'ombre. Beaucoup de bonté, de générosité, de zèle; mais aussi beaucoup de vivacité, et une ardeur qui lui faisait supposer des intentions ambitieuses et personnelles que très certainement il n'avait pas. Nous pouvons assurer à tous ceux qu'il aurait contristés par ses brusqueries que, dans le fond du cœur, il n'avait aucun mauvais vouloir. Témoin de sa vie, nous pouvons dire encore qu'il faisait les plus généreux efforts pour se corriger de ses défauts. Et si trop souvent la nature prenait le dessus, la grâce le portait toujours à s'humilier et à former de nouvelles résolutions.

IX

L'homme de prière.

M. Pompanon était éminemment un homme d'action. On aurait pu croire, plusieurs même ont cru, qu'au milieu de tant d'affaires, à peine pouvait-il trouver le temps de ses exercices de piété. Mais nous qui avons vécu dans son intimité et qui l'avons suivi au jour le jour pendant bien des années, nous pouvons affirmer qu'il était sous ce rapport un modèle de régularité.

Que de fois nous lui avons entendu dire avec saint Bernard (car les réflexions pieuses venaient souvent dans nos conversations entre curé et vicaires) que les hommes d'action devaient être avant tout des hommes de prière ! Que de fois il nous a dit à nous-même, pour modérer les ardeurs de notre zèle juvénile : « Abbé, abbé, vous entreprenez trop, vos exercices de piété en souffriront! »

De sa vie de séminariste, de missionnaire et de vicaire à Saint-Sulpice il avait gardé une très grande habitude et une profonde estime du règlement. A travers ses journées si pleines d'œuvres de toutes sortes, parfois même si agitées, vous eussiez toujours distingué le fil conducteur. Levé tous les matins à cinq heures, il ne disait la messe qu'à neuf heures ; et durant ce long intervalle il demeurait dans sa chambre, pratiquant rigoureusement le *clauso ostio,* à moins qu'il ne fût appelé en ville ou à l'église pour des raisons graves. C'était le temps de la prière et du travail. La messe dite, il se donnait entièrement aux devoirs du ministère extérieur : confessions, catéchismes, visites reçues ou rendues, surtout visites aux malades. Puis, vers cinq heures du soir, après son adoration devant le saint Sacrement, il rentrait dans sa chambre pour son bréviaire, sa lecture spirituelle et son chapelet. Après souper, il aimait à causer avec ses vicaires, trop content quand l'un d'eux savait par une aimable gaieté animer la soirée.

Voilà le programme de chaque journée ; programme élastique assurément, eu égard aux mille imprévus de la vie paroissiale. Mais n'y avait-il pas là la règle et tout à la fois le gage d'une vie sainte : *qui regulæ vivit Deo vivit.*

Après cette vue d'ensemble, entrons dans le détail des divers exercices de piété.

A leur tête il faut placer l'oraison qui donne la vie à tous les autres, et sans laquelle la prédication, même la plus éloquente, devient bientôt froide et vaine. Aussi, Notre-Seigneur et les apôtres, nos plus parfaits modèles, ont-ils fait de l'oraison comme la compagne inséparable du ministère de la parole. Or, nous n'en doutons pas, le souffle tout surnaturel et si puissant qui animait la parole de M. Pompanon provenait de son oraison. Un prêtre qui parlait de la sorte était certainement un prêtre qui méditait et qui priait... plus que cela même, un prêtre qui aimait Dieu de tout son cœur. Chaque matin donc il faisait son oraison ; et un pieux curé de ses amis nous disait que dans le dernier entretien qu'il eut avec lui, peu de jours avant sa mort, ils avaient longuement parlé de l'oraison et des meilleurs livres sur l'oraison. Chaque matin aussi il lisait l'Écriture sainte. D'ailleurs, on voyait toujours sur son bureau, et soigneusement marqués aux endroits où il en était de ses lectures, sa Bible, son Imitation de Jésus-Christ et son livre de lecture spirituelle, ordinairement la *Perfection chrétienne*, de Rodriguez.

Jamais il n'était en retard pour son bréviaire ; et, à la manière dont il le récitait, on sentait bien qu'il le regardait comme un devoir sérieux. Au saint autel, il paraissait grave et recueilli ; il observait fidèlement jusqu'aux moindres rubriques ; il prononçait les paroles sacrées pieusement et lentement, mais sans affectation aucune.

Son amour pour la sainte Eucharistie et pour la sainte Vierge datait de sa plus tendre enfance : c'est sa mère, on s'en souvient, qui le lui avait inspiré. Aussi la visite au saint Sacrement et la récitation du chapelet étaient-elles pour lui comme le temps d'un doux repos.

Enfin, chaque semaine, régulièrement, il se confessait ; chaque année il faisait sa retraite. Et dans tout cela, nous tenons à le dire parce que c'est absolument vrai, il ne se préoccupait que du regard de Dieu, nullement du regard des hommes. Il avait horreur de toute affectation. Il voulait qu'on allât à Dieu simplement et franchement : « à la bonne franquette », disait saint François de Sales; « à la française, » disait-il lui-même. Quant aux dévotions particulières, la vérité est qu'il ne les acceptait pas de suite et sans réflexion. Qu'on nous permette à ce sujet un trait qui le peint à merveille. Vicaire à Autun, nous étions chargé, sous la direction de l'excellent M. Roy, du tiers ordre de Saint-François d'Assise. M. le curé en parlait souvent : « Faites, disait-il en riant, mais je vous avoue que je ne suis guère pour les tiers et les quarts..... j'aime bien mieux les entiers. » Dans la suite, et surtout à partir de la lettre de Léon XIII, il changea d'avis par rapport au tiers ordre ; et quand, après sa mort, nous lui rendîmes les derniers devoirs, grandes furent notre édification et notre joie de le trouver revêtu du scapulaire et de la corde de Saint-François.

Ainsi, M. Pompanon était vraiment un prêtre pieux. Nous ajouterons que, ministre du surnaturel, il agissait toujours, au fond du cœur, dans des vues surnaturelles. Il voulait le bien ; il le voulait d'une manière désintéressée et humble. Sans doute, la vigueur de ses convictions et l'ardeur parfois intempestive de son zèle lui ont attiré bien des reproches, et lui ont suscité des adversaires, peut-être même des ennemis. Aussi serions-nous heureux que cette modeste notice et nos affirmations sincères et convaincues, appuyées sur la connaissance des pensées intimes de M. Pompanon, pussent contribuer à dissiper et à faire oublier les malentendus, pour nous réunir tous dans un commun sentiment d'affectueuse estime pour sa mémoire.

X

Le prédicateur.

« Il excellait dans la prédication ; mais ne choi-
» sissant jamais entre les travaux de son ministère,
» il se dépensait à tous indistinctement. »

Cette note, inscrite sur l'image mortuaire de M. Pompanon, est l'expression même de la vérité. Il avait le talent de la parole ; et quand il parlait, que ce soit devant un auditoire d'élite, que ce soit devant de pauvres enfants, il se dépensait toujours avec le même zèle. Estimant avec saint Thomas d'Aquin que le ministère de la prédication occupe le premier rang dans la hiérarchie des obligations d'un pasteur des âmes, *principalissimum officium*, il s'en acquittait sérieusement, surnaturellement, vis à vis de tous. Il était de ceux qui, selon la recommandation de l'apôtre, traitent noblement la parole de vérité : *Recte tractantem verbum veritatis.*

Mais essayons de préciser les caractères essentiels de son éloquence.

Le premier assurément, de l'avis de tous, est qu'elle jaillissait de son cœur comme d'une source intarissable. En lui se vérifiait dans toute sa force la maxime célèbre : *Pectus est quod disertos facit;* c'est le cœur qui fait les grands orateurs. Si vous vous attachiez à suivre son style, vous remarquiez une multitude d'imperfections. Si vous vous arrêtiez uniquement aux idées, vous les trouviez au fond assez ordinaires. Mais si vous vous laissiez entraîner à l'élan de cette parole chaude et convaincue, à l'ardeur de cette démonstration d'où la vérité sortait resplendissante de lumière, à la force de ces paroles tantôt suppliantes comme une prière, tantôt vibrantes comme une menace, par lesquelles il s'efforçait d'arracher ses auditeurs au vice et à l'erreur, de les amener sur le chemin de la vérité et de la vertu, bientôt vous étiez vaincu, subjugué par l'ascendant irrésistible de l'éloquence, *pectus est quod disertos facit.*

La conséquence de cette disposition était un rare talent d'improvisateur. Jamais M. Pompanon n'était plus beau que quand il se laissait aller à l'entraînement de son âme ; mais, en homme sensé et en prêtre sérieux, il n'improvisait que lorsqu'il lui avait été impossible de se préparer. Dieu alors bénissait sa bonne volonté, et ses improvisations étaient des triomphes. Un jour, comptant sur un auditoire d'hommes seuls, il s'était préparé en conséquence. Mais par suite d'un malentendu, voilà qu'il se trouve en face d'un auditoire mélangé. Il hésite quelques instants... fait part de sa surprise... balbutie quelques mots du discours préparé... puis, tombant à genoux devant le crucifix placé en face de la chaire : « Ah ! Seigneur, s'écrie-t-il, aidez-moi, que faut-il que je leur dise ? » Et se relevant : « Mes frères, Dieu m'a répondu : dis-leur que je les aime ! » Il parla alors de l'amour de Jésus-Christ avec tant de force et d'onction, que tous les auditeurs étaient comme transportés d'enthousiasme, que tous pleuraient.

Une autre fois, c'était à Autun, au commencement de septembre 1870, pour la fête de saint Lazare. Il devait prêcher à la messe pontificale et son sujet avait été sérieusement préparé. Commentant le texte de l'Évangile : *Ego sum resurrectio et vita,* il parlerait des espérances de résurrection et de vie que la France, malgré ses défaites, conservait encore. Mais au moment où il montait en chaire, on lui annonce l'affreux désastre de Sédan et la complète déroute de nos armées... Aussitôt, laissant le sermon préparé, il fait part lui-même à son auditoire consterné de la sinistre nouvelle ; et il éclate en soupirs d'une telle éloquence sur les fautes de la France et sur les justices de Dieu, que bientôt sa voix fut couverte par les sanglots.

Mais, nous le répétons, M. Pompanon n'improvisait que rarement, et le second caractère de son éloquence est qu'elle était préparée. Il se préparait par des lectures sérieuses, s'appropriant la substance de ses auteurs favoris, se la rendant vraiment sienne par la méditation. De plus, il écrivait toutes ses instructions : les unes en entier, par exemple, ses conférences de la messe paroissiale à Autun et de la messe des hommes à Chalon; les autres, seulement quant aux idées principales. L'ensemble de ses manuscrits formerait plusieurs volumes considérables. Mais il a eu soin de bien préciser sa volonté formelle que rien de ses œuvres ne soit livré à la publicité. Il faut avouer, d'ailleurs, qu'à le lire on n'éprouve pas ces fortes impressions que sa parole provoquait dans les âmes. En lui, le cœur était au-dessus de l'intelligence même. Si ce qu'il disait entrait si profondément dans ses auditeurs, c'est surtout grâce à la manière dont il le disait.

Un troisième caractère de son éloquence, celui peut-être qui lui assurait le plus de vrais succès, est qu'elle était toujours inspirée par la piété, par l'ardent désir de la gloire de Dieu et du salut des âmes. Quintilien a défini l'orateur ordinaire : *Vir bonus, dicendi peritus;* un homme bon, habile à parler. Que n'aurait-il pas demandé s'il avait eu à définir l'orateur sacré parlant au nom de Dieu lui-même! Mais ce qu'il n'a pas dit, les Pères l'ont dit, et rien n'est plus effrayant que ce chapitre des obligations sacerdotales. *Vita bona,* dit l'un [1], *bonus syllogismus :* une vie bonne, voilà le bon argument pour convaincre. *Virtus et integritas morum,* ajoute un autre [2], *maximum pondus sermoni adjicient :* la vertu et la pureté des mœurs donnent à un sermon son plus grand poids. Or, nous l'avons vu, M. Pompanon méditait et priait ; sa vie était réellement pieuse. Du reste, rien qu'à l'entendre parler on sentait bientôt qu'une flamme, la vraie flamme, l'amour de Dieu et des âmes, animait son discours. S'il était remarquable dans ses instructions philosophiques aux hommes, il se surpassait encore dans les allocutions de piété. Là son cœur débordait en sentiments les plus tendres, les plus délicats; nul mieux que lui ne parlait de la sainte communion; nul ne savait mieux préparer des enfants à la première communion. Nous nous rappellerons toute notre vie une homélie que nous lui avons entendu faire, pendant une retraite de première communion, sur la parabole de l'Enfant prodigue. Quand il montra le père sans cesse préoccupé de son fils, tous les jours interrogeant l'horizon pour voir s'il ne revenait pas, et le reconnaissant sous les haillons de la misère, il eut un tel mouvement d'éloquence, qu'ensuite nous nous trouvâmes tous le visage inondé de larmes.

1. Saint Bonaventure.

2. Saint Thomas, cité par le P. Caussette. *(Manrèze du prêtre.)*

Enfin, selon la recommandation de saint Grégoire, l'éloquence de M. Pompanon était toujours appropriée à ses auditeurs : *Sermo pro qualitate audientium congruat.* Devant les auditoires lettrés, il ne craignait pas de monter jusqu'aux plus hautes questions de la morale et du dogme; il abordait de front les grandes objections de la science moderne, et apportait toujours des arguments vainqueurs; sans heurter le moins du monde ceux qui lui faisaient l'honneur de l'écouter, il pénétrait insensiblement dans leur âme comme le rayon de soleil dans un appartement obscur, et il en chassait les ténèbres. Puis il devenait d'une simplicité extrême avec les ignorants, enfant avec les enfants, vieillard même avec les vieillards. Et à tous il savait adresser de ces paroles typiques qui s'enfonçaient profondément dans l'âme et qui y restaient. Nous l'avons entendu peut-être mille fois, et jamais nous ne nous en sommes allé de l'une de ses instructions sans emporter comme un trait fixé dans notre cœur.

Nous pouvons donc terminer par la parole que M. le vicaire général prit pour texte de son allocution aux funérailles de M. Pompanon : *Domine, quinque talenta tradidisti mihi ; ecce alia quinque superlucratus sum ;* Dieu lui avait donné de grands talents, il les a fait généreusement valoir.

XI

Le confesseur.

La prédication de M. Pompanon était réellement de celles qui instruisent et qui convertissent. S'il cherchait à captiver l'esprit par la grandeur et l'élévation des idées, ce n'était en définitive que pour monter plus sûrement à l'assaut de la place forte, selon son expression, pour se rendre maître du cœur. On sortait toujours de ses sermons avec le désir de devenir meilleur, tout au moins avec la pensée que l'on pourrait et que l'on devrait être meilleur. Aussi, durant tout son ministère, a-t-il été un confesseur très occupé. Le nombre d'âmes qu'il a consolées, relevées, lancées dans la voie du bien, conduites au ciel, est vraiment incalculable. Nous le disons sans exagération (d'ailleurs combien de témoins, nous en sommes sûr, seraient prêts à se lever pour soutenir que nous sommes dans la vérité), il a mérité qu'on lui appliquât la parole du pape saint Pie V : « Donnez de bons confesseurs, et voici bientôt l'entier renouvellement de la vie chrétienne. »

Nous caractériserons en quatre mots sa méthode de direction des âmes : complaisance, science, miséricorde et fermeté.

Il était par rapport au confessionnal d'une complaisance à toute épreuve, lui si occupé ; d'une patience inaltérable, lui si vif et si impétueux. « La confession est assez pénible par elle-même pour les pauvres pénitents, avait-il coutume de dire, il faut la leur faciliter autant que possible. » Que de fois nous l'avons vu quitter de graves occupations pour se rendre à l'appel d'une humble femme ou d'un enfant ! Nous connaissons une domestique qui n'était libre que le matin à cinq heures : et chaque semaine il venait à l'église exprès pour elle. Toujours à la disposition des âmes, il avait cependant des heures qui leur étaient spécialement consacrées : toutes les matinées après sa messe et jusqu'au catéchisme ; les après-midi au moins deux fois par semaine, indépendamment des samedis et des veilles de fêtes. On venait à lui non seulement de tous les points de la ville, mais des paroisses environnantes, même de pays assez éloignés. Il ne faisait du reste acception de personne : les pauvres et les enfants étaient reçus aussi bien que les riches et les grands personnages. Il écoutait avec patience tout ce qu'on avait à lui dire ; il avait même un talent merveilleux pour ouvrir les cœurs et amener sur les lèvres les aveux les plus pénibles. « Ah ! mon cher ami, nous disait-il dans l'un de nos derniers entretiens, de plus en plus je suis convaincu qu'en voulant se hâter au confessionnal, on ne fait que de la mauvaise besogne. Je suis tout à fait de l'avis de saint François de Sales : écouter, écouter beaucoup, sans jamais avoir l'air pressé. »

Après avoir écouté patiemment son pénitent, M. Pompanon se prononçait toujours en connaissance de cause. Nous l'avons vu, sans être théologien, il possédait cependant une science théologique largement suffisante, et il l'augmentait tous les jours par de sérieuses lectures. De plus, pour la direction des religieuses et des personnes élevées en spiritualité, il avait grand soin de s'initier à la théologie ascétique ; il lisait et relisait le livre de la *Perfection chrétienne*, de Rodriguez. Mais surtout il possédait à fond la science du cœur humain. Instruit, par une longue expérience, des peines et des difficultés de la vie, il savait tenir compte des circonstances, et se gardait bien de gouverner les âmes comme on gouverne des soldats, au moyen d'une théorie par laquelle il faut passer bon gré mal gré.

Plein de miséricorde envers les pécheurs eux-mêmes, plein de compassion pour les fautes de fragilité dont on gémit, il était en même temps plein de fermeté contre les péchés voulus et contre ces occasions de péchés que la théologie nomme *vincibles*. Il ne transigeait pas avec les grands principes. Nous savons qu'il a tenu en échec pendant longtemps des pénitents qui n'ont pas craint ensuite de nous le dire, pénétrés de reconnaissance pour leur éminent confesseur. Enfin, du moment qu'une âme lui avait donné sa confiance, elle ne pouvait plus rester stationnaire : il fallait qu'elle avançât. Combien nous en avons connues qui, naguères molles et languissantes, devenaient bientôt sous sa direction ardentes et courageuses ! Dans ses exhortations, il disait de ces mots qui pénétraient le cœur et y demeuraient gravés en caractères ineffaçables. Quiconque s'était une fois agenouillé à son confessionnal s'en souvenait toujours.

D'ailleurs, il entretenait avec plusieurs de ses pénitents une correspondance suivie. On nous a montré un grand nombre de ces lettres, toutes brèves mais substantielles et précises, marquées au coin du tact le plus sûr. Nous regrettons de ne pouvoir les citer ici... mais ce sont des choses intimes, secret de Dieu et des âmes !

Tel était M. Pompanon, vrai prêtre et vrai serviteur de Dieu. Il ne nous reste plus qu'à parler de sa mort et de ses funérailles. Mais en jetant un dernier regard sur cette vie si pleine de mérites, pouvons-nous ne pas espérer fortement pour elle la bienheureuse récompense : *Opera enim sequuntur illos ?* Si Dieu a peut-être refusé à son serviteur la grâce de se reconnaître au dernier moment, dans sa justice il a certainement tenu compte de tant de bonnes œuvres, et il l'a couronné comme un vaillant combattant et comme un vainqueur !

XII

Le coup fatal, la mort, les funérailles.

En écrivant ces mots, comment ne pas redire avec saint Paul : « Seigneur, que vos voies sont impénétrables ! » Eh quoi ! mort, cet homme si actif à qui on eût donné vingt ans de bonne vie encore ! Couché dans l'immobilité du tombeau, ce pasteur si zélé qui voyait devant lui tant de bien encore à accomplir ! Parti de ce monde, alors qu'il était dans toute la plénitude de son talent et de son expérience ! et parti quand le champ du Père de famille a tant besoin de bons ouvriers ! Oui, Seigneur, vos voies sont impénétrables ! mais il faut toujours que votre volonté s'accomplisse...

Le mardi 20 octobre 1885, M. Pompanon se levait comme de coutume, à cinq heures ; il faisait son oraison, ses lectures ordinaires ; il récitait les petites heures de son bréviaire, puis il montait à l'autel et offrait le saint sacrifice. On célébrait ce jour-là la fête propre au diocèse d'Autun de la translation des reliques de saint Lazare. A l'évangile, l'officiant récitait ces paroles prophétiques du Sauveur : « Quiconque m'aura proclamé devant les hommes, le Fils de l'homme le proclamera devant les anges de Dieu. » Or, qui avait plus vaillamment proclamé Jésus-Christ que cet apôtre inconfusible toujours debout quand il s'agissait de la sainte cause? Après la messe et l'action de grâces, il s'asseyait au confessionnal où il restait jusqu'à onze heures; puis il sortait de son église bien-aimée dans laquelle il ne devait plus rentrer que porté dans un cercueil au milieu des pleurs de ses enfants.

Pendant le repas de midi, il continua de montrer cette bonne humeur qui rendait sa compagnie si agréable : eût-on pu soupçonner que, peu d'instants après, il serait mortellement frappé? Il était environ deux heures, quand le domestique entrant dans sa chambre pour lui annoncer une visite, le trouva tombé au pied d'un fauteuil au-dessus duquel pendait le cordon de la sonnette. Probablement, se sentant mal, il voulut appeler au secours; mais il n'en eut ni le temps ni la force.

Les médecins, les sœurs du Bon-Secours et de Saint-Vincent-de-Paul, mandés en toute hâte, l'étendirent sur son lit, lui prodiguèrent les soins les plus empressés et les plus intelligents. Mais bientôt la langue et le côté droit étaient paralysés, la respiration devenait bruyante, et le bras gauche, seul resté libre, se portait sans cesse à la tête où était le siège du mal. Toute espérance de salut s'évanouissait rapidement; la mort semblait approcher à grands pas : mais il lui fallait quarante heures encore pour consommer son œuvre, tant elle avait frappé sa victime dans toute la force de la vie.

A six heures du soir, le vénérable curé de Saint-Pierre vint donner l'Extrême-Onction à son collègue et ami. Il crut un moment distinguer sur son visage des signes d'émotion lorsqu'il approcha le crucifix de ses lèvres ; mais le mourant avait-il réellement conscience de lui-même? comprenait-il ce qui se passait? rien de précis ne peut le faire conjecturer. Toute la nuit, toute la journée du mercredi se passèrent ainsi; fièvre ardente, respiration haletante et précipitée.

Vers le soir arrivait M. Genty, vicaire général, ancien supérieur de M. Pompanon aux missions diocésaines. Vainement essaya-t-il de lui parler, de lui serrer la main, de lui adresser les exhortations les plus touchantes : rien... rien que cette respiration de plus en plus semblable au râle de l'agonie.

Au même moment j'arrivais, moi aussi qui écris ces humbles lignes. Immortelle reconnaissance à l'âme délicate qui, sachant l'amitié dont m'honorait le curé de Saint-Vincent, m'avait, en toute hâte, appelé à son chevet. Et puisque je ne l'ai plus quitté, puisque j'ai reçu son dernier soupir, je demande au lecteur de transcrire simplement mes impressions. A dix heures, une crise épouvantable se manifesta soudain; nous crûmes que le dernier moment était venu, et de suite nous nous mîmes à réciter les prières de la recommandation de l'âme. Mais ce n'était que le commencement de l'agonie proprement dite. Oh!

qu'elle est déchirante cette note de l'agonie retentissant, toujours la même, pendant de longues heures, au milieu du silence de la nuit! Elle n'était interrompue que par les sanglots des parents qui arrivaient les uns après les autres, avertis de la fatale nouvelle. A chaque instant, j'essayais de parler au moribond, de lui suggérer quelques pensées pieuses : mais toujours pas le moindre signe de connaissance.

Le jour vint tard; il pleuvait, le temps était sombre. La chambre se remplit peu à peu de visiteurs et d'amis. Vers neuf heures, il n'y avait plus d'illusion possible : le dénouement était proche. Tous, agenouillés autour du lit, nous récitions les prières des agonisants. Incomparables prières! quels sublimes sentiments elles expriment! Surtout, quelle pensée touchante de la sainte Église, tandis que l'âme est dans sa plus grande angoisse, prête à laisser là le pauvre corps, de faire réciter le beau psaume : *Beati immaculati in via!...* Ah! on le comprend alors, et on est ému jusqu'aux larmes : « Bienheureux ceux qui marchent purs sur le chemin de la vie! »

Cependant l'agonie continuait toujours. Mais soudain voici la tête qui se redresse; voici les yeux qui se fixent sur moi pleins d'intelligence et d'éclat. « Oh! M. le curé, m'écriai-je, cher M. le curé, vous mourez... Adieu! demandez pardon de toutes vos fautes, je vous donne l'absolution... » Puis : « ... Mettez-vous entre les bras de la sainte

Vierge, et faites généreusement le sacrifice de votre vie ! » A ce mot (fut-ce mouvement instinctif ou volontaire, je l'ignore), mais les paupières s'abaissèrent comme pour dire oui.

La tête retomba lourdement sur l'oreiller, et lé râle devint plus lent et plus profond. Nous, nous continuâmes de prier avec ferveur, approchant sans cesse le crucifix des lèvres du moribond, faisant sur son front le signe de la croix avec de l'eau bénite... Mais cela ne dura pas longtemps. Bientôt un violent soubresaut, et le dernier soupir... L'âme était devant Dieu, Dieu la jugeait. *De profundis clamavi ad te, Domine!* « O Dieu, vous lui avez été favorable, elle était prête ! »

Oui, nous en sommes sûr, pris à l'improviste, il était prêt... et nous pouvons chanter son bonheur. *Beatus ille servus quem quum venerit Dominus invenerit vigilantem!*

Il veillait... nous savons quelle était son exactitude pour ses exercices de piété. N'est-il pas prêt à comparaître devant Dieu le prêtre qui s'est confessé il y a quelques jours à peine; qui, le matin même du coup fatal, a fait son oraison, célébré la messe, entendu des confessions pendant deux heures ?

Il veillait... quand on rendit les derniers devoirs à sa dépouille, nous trouvâmes sur lui le scapulaire et la corde de tertiaire de Saint-François, un crucifix avec de nombreuses médailles, les scapulaires de la très sainte Vierge. Et quand, du pied du fauteuil où il était tombé, on l'avait porté sur son lit, on lui avait retiré une large ceinture de crin qui meurtrissait sa chair.

Il veillait... toutes ses dispositions testamentaires étaient prises; toutes ses affaires étaient dans un ordre parfait; on trouva sur son bureau la réponse à une lettre reçue le matin même.

Il veillait... et nous ne pouvons que bénir Dieu et redire pour nous encourager nous-mêmes à cette sage vigilance : *Beatus ille servus quem quum venerit Dominus invenerit vigilantem !*

Le bourdon de Saint-Vincent fit entendre ses notes lugubres, jetant la consternation dans la ville entière : et une longue procession, ininterrompue pendant trois jours, commença vers le presbytère et la chambre tendue de noir où était exposée la dépouille mortelle. De nombreuses et magnifiques couronnes de fleurs naturelles répandaient un doux parfum; des cierges se consumaient lentement, tandis que de pieux fidèles agenouillés priaient avec ferveur.

Les funérailles furent magnifiques : plus de 4,000 personnes y assistaient; 120 prêtres parmi lesquels on remarquait les sommités du clergé diocésain; le cortège avait peine à se frayer un passage à travers la foule massée sur les places et le long des rues.

A l'église, le service funèbre fut célébré avec toute la splendeur possible. Avant l'absoute, M. Mangematin, vicaire général, prononça l'éloge du défunt : un cri de douleur, un cri d'espérance ! Seigneur, pourquoi nous avoir enlevé un si vaillant soldat de votre sainte cause ? Seigneur, il était prêt, et votre ciel lui est ouvert ! Pour l'Église qui a les promesses de la vie éternelle, les hommes même les plus forts, ne sont rien... Dieu est tout !

Le cortège prit la route du cimetière. Sur la fosse entr'ouverte, après les dernières prières, M. Nivet, avocat à Chalon et intime ami de M. Pompanon, prononça les paroles les plus émouvantes et les plus vraies. Puis, tandis que la foule se retirait profondément émue, nous remarquâmes qu'une violente rafale de vent arracha au cercueil son drap noir brodé d'argent et ses magnifiques couronnes pour le couvrir de feuilles mortes... C'est ainsi que tout passe, les hommes, la célébrité, la gloire, les fleurs... c'est ainsi que tout devient comme les feuilles mortes... Une seule chose demeure : le bien qu'on a fait ici-bas. Heureux donc celui dont on peut dire : *Transiit benefaciendo*, il a passé en faisant le bien !

TABLE

FIN

Autun. — Imp. Dejussieu

www.ingramcontent.com/pod-product-compliance
Ingram Content Group UK Ltd.
Pitfield, Milton Keynes, MK11 3LW, UK
UKHW021821190726
13853UKWH00003B/1113